반전의 품격

Twist with Dignity

통쾌하거나 찝찝하거나   찌질하거나 위대하거나

반전의 품격

박재항 지음

의

TWIST WITH DIGNITY

위북

일독십득(一讀十得), 한 번 읽으면 최소한 열은 남는다. 그의 배움터 '깊이의 동양사학'과 삶터 '첨단 경쟁 자본주의 광고'가 버무려진 《반전의 품격》을 통해 그가 세상에 던지며 세대와 세대를 넘어 소통하고자 하는 것은 반전이 짧은 기술과 트릭으로 오는 것이 아니라 결국은 진정성과 긍정에서 오는 품격임을 공감할 것이다. 우리 사회에 보다 긍정적인 반전들이 나타나기를 기대하고 열망한다.

권찬 _아름다운재단 사무총장

김난도 _서울대학교 교수, 〈트렌드코리아〉 시리즈 저자

반전(反轉)의 시대다. 사회, 경제, 인구, 기술 등 시장 트렌드를 바꾸는 동인들이 급변하면서 변화의 속도가 더욱 빨라지는 가운데 COVID19의 여파로 소비 트렌드의 반전은 이제 피할 수 없는 대세가 됐다. 코로나가 뒤흔든 브이노믹스(V-nomics) 시대, 어떻게 하면 그 방향을 종잡을 수 없는 반전을 이해하고 만들어낼 수 있을까? 늘 클라이언트보다는 고객의 입장에 서고자 했던 광고인 박재항이 그 반전의 모든 것을 전달한다. 광고, 마케팅, 트렌드에 관심 있는 독자라면 지나치기 어려운 책이다.

추천사

잠자는 신라 무덤 속 토우와 현대적인 레고를 한 몸으로 만들어 사진을 찍고 박재항과 함께 공동 강의를 했다. 텍스트와 이미지가 어우러지며 품격 있는 반전을 이루었다 자부했다. 이 책에는 그 이상의 이야기들이 풍성하게 담겨 있다. 독자들은 이 책을 읽으면 무언가 반전을 꾀하고 싶어질 것이다. 품격 있게.

양현모 _사진작가

추
천
사

최영인 _SBS 예능본부장

같은 가격이라도 고객이 느끼는 가치를 다르게 만드는 것이 마케터들이 꾀하는 '반전'이라는 저자의 말처럼 수많은 예능 프로그램에서 특별한 가치를 창출해 꼭 집어 그 프로를 보게 만들기 위해서 반전은 필수다. 그 반전이 우연한, 무대뽀가 아닌, 약점을 인정하고 성실한 준비, 진실한 마음과 자신감이 뒷받침된 긍정에서 나온다는 것을 책의 사례뿐 아니라 방송 제작을 하면서도 경험했다. 멈추지 않고 (방송이라면 채널을 돌리지 않고), 끝까지, 단숨에 읽게 한다.

일, 인생의 형세가 뒤바뀌는 일이야말로 엄청난 긴장감과 때로는 일어서지 못할 만큼의 좌절을 맛보게 되는 무서운 경험이다. 그러나 살아오면서 긍정적인 반전이란 결코 얄팍한 속임수나 기술이 필요한 것이 아닌 우직한 뚝심과 반듯함이 기본이 되었다는 사실을 이 책을 통해 다시 한 번 깨닫는다.

최유라 _방송인

추천사

어떻게 위대한 반전을 커뮤니케이션에서, 그리고 나아가 인생에서 이룰 수 있을까. 상대나 콘텐츠가 던져준 반전을 어떻게 놓치지 않고 포착하고 즐기거나 자기 것으로 소화할 수 있을까. 반전을 위한 억지 반전이 아니라 품격 있게 반전을 만들고, 이해, 감상하는 법은 없을까.

〈취권〉, 〈나홀로 집에〉, 〈쇼생크 탈출〉, 〈유주얼 서스펙트〉.

네 영화의 공통점은? 한국인들이 좋아하는 영화 순위의 상위를 차지한다. 무엇보다 공중파나 케이블에서 가장 자주 방영되는 영화들이다. 내용으로 보면 무엇보다 반전이 있다. 〈유주얼 서스펙트〉는 전쟁 반대를 의미하는 반전(反戰)의 사용 빈도를 앞서는 반전(反轉)을 일상용어로 만들었다. '스포일러'란 단어도 이 영화를 통해 널리 쓰이게 되었다.

〈유주얼 서스펙트〉 외의 세 영화 모두 따지고 보면 반전이 있다. 술에 취하면 몸도 제대로 가누지 못하는데 그것을 최고 초식의 무기 권법으로 만들어 악당들을 물리치는 〈취권〉. 본의 아니게 식구들과 떨어져 혼자 집에 남겨진 어린아이라면 무서워할 것 같은데 그 상황을 즐기는 케빈. 결국 어른 악당을 혼내주고 이웃집 할아버지의 도움을 얻어 그들을 잡기까지 한다. 쇼생크 감옥에서 교도소장을 속여 넘기고 자유를 획득하는 앤디 뒤프레인의 인생 반전은 어떤가. 시간이 너무 걸리기는 했지만 말이다.

사람들은 반전이 있다는 걸 알면서도 놀랄 준비를 하고 반전이 나오길 기다리고 좋아한다. 아리스토텔레스까지 갈 것 없이 초등학교에서 배운 기승전결에서 전의 극적인 형태가 바로 반전이다. 자신의 지식이나 경험에 의존하여 미리 짐작한 이야기의 전개가 생각과 다른 방향으로 흐른다. 눈이 동그래지고 정신이 번쩍 든다. 이야기를 하고 어떤 사실을 전달하는 데도 이런 반전이 있어야 효과가 발휘된다. 반전은 이야기의 흥미뿐만 아니라 나아가 자신의 품격을 높여주는 역할을 한다.

　반전이 언제나 성공하는 건 아니다. 반전이라고 넣었는데 알아채지 못하고 지나가 버리는 것들도 있다. 영화나 소설 같은 콘텐츠에만 반전이 있지 않고, 우리의 인생 자체에도 반전이 있다. '인생 역전'이란 구호와 함께 반전을 꾀하지만, 좋은 방향으로만 흐르는 건 아니다. 반전의 순간이 왔는데, 포착하지 못하고 흘려보내기도 한다. 계획한 것과 전혀 다른 반전의 반전이 일어나기도 한다. 콘텐츠나 인생을 보매 기획과 실행 및 결과에서 찌질한 반전도 있고, 위대한 반전도 있다. 어떻게 위대한 반전을 커뮤니케이션에서, 그리고 나아가 인생에서 이룰 수 있을까. 상대나 콘텐츠가 던져준 반전을 어떻게 놓치지 않고 포착하고 즐기거나 자기 것으로 소화할 수 있을까. 반전을 위한 억지 반전이 아니라 품격 있게 반전을 만들고, 이해, 감상하는 법은 없을까. 그를 위해 3가지 시각에서 자유롭게 반전의 사례들을 모으고 해석하고 알려주기로 했다.

첫째, 광고인의 관점이다. 광고주와 광고회사의 소위 '갑'과 '을'의 반전을 스스로 만들고 겪으며 지난 30년을 보냈다. 국내외 기업들의 광고 마케팅 전략과 광고물들을 분석하는 일이 주업이었다. 광고는 반전의 보고이다. 짧은 시간에 강한 인상을 심어주기 위해서이다. 한국의 TV 광고는 아직도 대개 15초이다. 그 짧은 시간에 기승전결의 이야기를 넣으려, 곧 반전을 만들려 애를 쓴다. 인터넷의 대중화 이후 TV라는 한정된 매체와 시간을 넘어 웹사이트와 SNS, 앱들로 사전 분위기를 조성하며 스토리텔링을 하고 반전을 꾀할 수 있는 시공간이 확대되었다. 광고 제작자는 의도하지 않았는데, 광고를 보는 소비자들이 알아서 반전의 효과를 만들어내며 즐기기도 한다. 의도했건 아니건, 결과가 좋건 나쁘건 광고 커뮤니케이션을 하는 안팎에서, 앞뒤에서 나타난 반전의 토막들은 꼭 광고의 형태가 아니더라도 사람들 사이에 소통을 위해서도 쓸 만한 팁이 될 수 있다.

둘째, 인문학도로서 다양한 인간 군상의 모습을 반전이라는 프리즘으로 보고자 했다. '인간 세상의 근본 원리 및 진리의 발견과 깨달음이라는 인문학 본연의 목적을 광고쟁이로 있으면서 뒤늦게 깨달았다. 그 밑바탕을 만들어준 동양사학을 대학 전공으로 선택한 것이 생애의 가장 잘 내린 결정이라고 생각한다'고 예전에 나름 자부했었다. 게으르고 제멋대로이지만 그 결정에 부끄럽지 않게 인문과 예술의 소양을 키우려 노력하고 있다. 그 하나의 시도로 역사 속 인간을 반전이라는 잣대로 바라보고 해석하고 평가하고, 거기서 현재의 우리에게 도움이 될 수 있는 요소를 찾으려 했다.

셋째, 젊은 세대의 선배로서 공부도 되면서 이야기 나눌 소재를 발굴하는 목적이 있었다. 대기업을 그만둔 후 2017년 1월부터 마케팅 커뮤니케이션을 주업으로 하는 두 기업에서 일을 하고 있다. 직원이 각각 70명, 350명 정도인데, 모두 평균 연령이 30세

안팎일 정도이다. 두 회사의 젊은 친구들에게 고객을 위한 커뮤니케이션 방식을 가르치며 꼰대가 아닌 선배로서 소통을 도모하기 위해 고심 끝에 발굴한 게 바로 재미와 유용성을 갖춘 반전의 사례들이었다.

사례들을 3부로 나누어 실었다.

1부는 개인이 반전을 만드는 방법과 자세에 초점을 맞추었다. 스스로를 낮추고, 어깨에 힘을 빼고, 지킬 건 지키고 인정할 건 인정하며, 적절하게 대응하라는 5가지 메시지를 전한다. 인간으로서 품격 있게 반전을 만드는 방법이다.

2부에서는 반전을 만들어낼 재료가 될 수 있는 요소들을 역시 5개 뽑았다. 허구를 만들고, 덮어 가리려 하고, 거꾸로 돌리고, 과장하고, 어떤 때는 없애거나 부족하게 만드는 언행이나 현상들을 제시했다.

마지막 3부에서는 사람과 사람, 시대 및 환경과의 불화에 집중하여 4가지를 뽑았다. 날 선 말과 행동, 시대착오적 부조화, 엇갈리고 모순이 깊을수록 반전의 효과도 크다.

브랜드 부문에서 나의 스승 역할을 한 한국계 미국인이 있다. 어느 날 그가 한국의 어느 그룹사 사장단 회의에서 영어로 프레젠테이션을 했다. "미국인들은 재미있는 조크로 프레젠테이션을 시작합니다. 오늘 제 프레젠테이션에는 조크가 없습니다." 잠시 말없이 이어폰으로 동시통역이 되는 시간 동안 사장들을 쳐다본 후 그가 수줍은 미소를 띠며 말했다. "이게 오늘의 조크입니다." 아무런 반응이 없어서 내가 무안했다. 분위기가 싸해졌다. 언뜻 반전에 실패했다. 그 분위기를 어떻게 반전시켰을까. 진정한 품격의 반전이 어떻게 이루어졌을까. 바로 마지막 15번째 코드인 긍정이 답이었다.

차례

추천사   004
프롤로그   010

PART 1
품격 있는 반전을 위하여

01 자비(自卑, Lower) _자신을 낮춰라

— 낮출수록 높아지는 미술   025
— 낮은 곳에 임할수록 살아나는 품격   028
— 무릎 꿇어 일어서다   031
— 사라질수록 가치가 빛나는 것   033
— 우물 속에서 보는 드라마틱한 세상   036
— 상대를 인정하면서 살짝 비틀기   039

02 생력(省力, Relax) _힘을 빼라

— 아무것도 일어나지 않을 때 어떤 것도 일어난다 043
— 나약할수록 이기는 기술   045
— 힘없는 공이 허를 찌른다   049
— 유치원생이 CEO를 이길 때   052
— 하지 않은 일에 대한 자부심   054
— 게으른 개미 효과   057

03 의지(意志, Strengthen) _다지고 지켜라

— 10만 달러를 버리자 30만 달러가 들어오다 063
— 버릴수록 얻어지는 것   065
— 전쟁의 패자(敗者)가 시대의 패자(霸者) 되다 068
— 용기와 절박함이 반전을 이루다   071
— 체념의 변증법적 마술   074

04 수긍(首肯, Admit) _믿음을 갖고 인정하라

— 극도의 제한이 극도의 가치를 발한다　　079
— 약점을 드러내면 강점이 된다　　082
— 비워둘수록 더 많이 보인다　　085
— 세계에서 가장 키 큰 난쟁이 효과　　088
— 엮일 수 없는 단어의 양립　　091
— 극적 반전의 접속사, '그러나', '하지만'　　094
— 반전의 영어 표현들　　097

05 유연(柔軟, Suit) _상황에 맞춰 대응하라

— 질문은 똑같은데 답이 다른 이유　　103
— 《삼국지》 최고의 반전 캐릭터　　106
— 부자일수록 아날로그 서비스　　109
— 좋은 소식과 나쁜 소식, 뭐부터 들으시겠습니까?　　111
— 심해 이빨고기의 고급스러운 반전　　115
— 최첨단 우주인들의 연필　　117

PART 2
반전의 재료와 장치

06 허구(虛構, Fabricate) _거짓을 꾸미다

— 섀클턴의 솔직히 까놓고 말하는 구인광고　　125

— 그들은 그런 말을 하지 않았다　　127

— 가장이 판치는 시대의 솔직함　　131

— 사진 한 장의 어긋난 반전　　134

— 슈퍼푸드 퀴노아 농부들은 햄버거를 먹는다　　136

— 국제 가상 교실에 컴퓨터가 없다　　140

07 은폐(隱蔽, Cover) _숨기고 덮어 가리다

— 눈부신 썬키스트의 어두운 그림자　　145

— 하버드의 히틀러　　149

— 보이지 않아 더욱 무서운　　151

— 같은 말도 누가 말하느냐에 따라 달라진다　　154

— 후퇴라 쓰고 전진이라 말한다　　157

— 누구를 향한 경고문인가　　161

08 도치(倒置, Reverse) _거꾸로 바꾸다

— 거꾸로 보면 방향이 달라진다　　165

— 뒤집으면 해석이 달라진다　　167

— 고양이 목이 아닌 쥐 목에 방울 달기　　169

— 웻더독, 흔들림의 반전　　171

— 희망으로 가득 찬 절망이 꽃피는 나라　　174

— 더 룩, 겉모습의 고정관념 뒤엎기　　177

09 과장(誇張, Overstate) _터지도록 부풀리다

— 불가능의 가능성, 달을 향한 문샷　　　　181

— 결정은 내가, 책임은 네가　　　　184

— 불가능할수록 해내는 인간 능력의 역설　　　　187

— 시공간을 넓혀서 반전을 일으키다　　　　189

— 무대뽀의 반전은 없다　　　　192

— 가장 못생겼지만, 극도로 아름다운　　　　195

10 삭제(削除, Remove) _지우고 없애다

— 아예 없애버리는 생명력의 비밀　　　　199

— 평범 그 자체의 비범함　　　　201

— 모자란 데서 오는 충족　　　　205

— 살아 있는 기업의 부고장　　　　208

— 특권이 되는 결핍-픽시 자전거　　　　211

— 앵그리 와퍼, 감옥에 가다　　　　213

PART 3
부조화 속 피어나는 반전

11 모순(矛盾, Contradict) _공존하며 충돌하다

- 혁신은 반전에서 나온다   219
- 내로남불도 반전인가?   222
- "시간이 없어 길게 씁니다"   225
- "젊어지는 데 그리 오랜 시간이 걸리네"   228
- 무식이 답이 되는 골드위니즘   230
- 비극은 수치로 재단할 수 없다   233

12 갈등(葛藤, Conflict) _말과 행동에 날이 서다

- 반격은 오바마처럼   237
- 친구이자 적, 프레너미   240
- '덜'이 아닌 '더'의 변명   243
- 갈라진 세계끼리 맥주 한잔   246
- 남자의 볼을 향해 하이킥   248
- 피로 물든 평화의 광장   251

13 부적(不適, Misfit) _시공과 맞지 않다

— 제대로 잘못 날린 트윗 255

— 미국 최고의 비즈니스계 범죄자 257

— 마시멜로 이야기는 계속된다 260

— 단득장독, 일득십독 263

— 사기와 정치는 한 끗 차이 265

— 승리도 습관처럼, 패배도 습관처럼 268

14 상위(相違, Dislocate) _서로 어긋나다

— 사기, 사소하거나 대범하거나 273

— 어긋난 2가지를 융합할 때 276

— 가장 잔인한 페인트칠 278

— 가격과 가치는 정비례가 아니다 281

— 네가 하면 테러, 내가 하면 저항 284

— 통쾌한 반전의 아재 개그 286

15 긍정(肯定, Convince)

_희망으로 나아가는 네거티브(Negative) 290

에필로그 294

주 297

품격 있는
반전을 위하여

Twist with Dignity

01 Lower

자비

자신을 낮춰라

[自卑]

낮출수록 높아지는 마술

사람들을 웃게 만드는 가장 효과 좋은 개그 방식은 자신을 과장되게 낮추거나 비하하면서 펼치는 자학개그라고 한다. 아무래도 상대적으로 듣는 이가 올라가면서 자신은 그렇지 않다는 위안을 얻게 되어, 좀 너그럽게 되는 효력을 발휘한다. 대부분의 사람들이 자기가 잘났다고 목청을 높이니 차별화되기도 한다. 사실 스스로에 대한 자신이 없는 이들이 인정을 받으려고, 많은 경우에는 자격지심에서 과하게 자랑을 하고 그래서 반감을 사는 게 보통이다. 그래서 자학개그는 거꾸로 겸손함으로 자신감을 드러내는 발로가 되기도 한다.

자신의 뛰어남을 홍보하며 표를 얻어야 하는 정치인에게서는 그런 겸손함과 그를 바탕으로 한 자학개그를 보기가 보통 사람들보다 더욱 힘들다. 그런 거개의 정치인들과 달리 미국의 16대 대통령 에이브러햄 링컨은 자학개그의 달인이었다. 과장되게 자기의 치적이나 능력을 말하는 데 누구보다 열정적이었고 후안무치했던 도널드 트럼프와는 완전히 대척점에 있다고 하겠다. 그런 링컨의 자학개그는 낮춤으로 높인다는 반전의 멋진 결과를 가져왔다.

링컨이 어느 무도회에 참석했다가 메리 토드라는 매력적인 여성을 발견했다. 그녀에게 다가가 "세계에서 춤을 가장 못 추는 사람과 춤을 추어보시겠습니까?"라며 함께 춤추기를 신청했다. 그렇게 숙이고 들어오는데, "안 되겠네요"라고 거절하기 힘들다. 게다가 얼마나 못 추기에 그런 것인가 궁금증이 생기기도 했다. 스스로 최악의 댄서를 자처하는 이와 춤을 춘 메리 토드는 밟힌 발의 통증과 함께 링컨의 부인으로 역사에 이름을 남겼다.

"고릴라를 보기 위하여 아프리카까지 갈 필요는 없다. 일리노이주 스프링필드(Springfield)에 가면 링컨이라는 고릴라를 볼 수 있다." 링컨의 큰 덩치와 외모를 두고 그의 정적들이 인신공격을 수없이 가했다. 이런 유치하고 치졸한 공격에 링컨은 정면으로 대응하지 않았다. 농담으로 살짝 비틀며 반전을 꾀했다.

"내가 처음 태어났을 때는 아주 예쁜 아기였다고. 어느 날 마을에 서커스단이 들어왔어. 그 예쁜 아기를 보고 단원으로 키우면 좋겠다고 욕심이 나서 마침 자기네 서커스단에 있던 갓 태어난 아기와 바꿔치기를 하고 떠나버렸어. 그런데 서커스단 아이의 인물이 형편없었다고 해. 그래서 내 얼굴이 지금 이 모양이라고."

말이 안 되는 소리라고 반격을 하는 순간에 농담조차 제대로 받아들이지 못하는 인간이 되어버린다. 논리 따위는 상관없이 그냥 자신이 못생겼다고 인정하며 그 자체를 개그의 소재로 삼아버렸다. 그의 정책이 일관성 없이 왔다 갔다 한다면서 '두 얼굴'을 가졌다고 비난한 정적에게 링컨은 이렇게 대꾸했다.

"내가 두 얼굴을 가졌다면 이런 못생긴 얼굴을 가지고 살고 있겠소?"

두 얼굴 운운한 스티븐 더글러스(Steven Douglas)는 링컨과 젊을 때부터 숙적 관계로 노예제를 두고 벌인 '링컨-더글러스 논쟁'으로 유명한 인물이다. 그 더글러스는 단신으로 키가 2미터에 가까웠던 링컨과 아주 대조적이었다고 한다. 찌질한 기자 하나가 체형을 소재로 삼아 기사를 쓰다가 링컨에게 사람의 다리 길이는 어느 정도가 적당한지 물었다. 더글러스의 짧은 다리를 공격하고 우스개로 삼는 걸 기대했는데 링컨은 이렇게 답했다.

"모름지기 사람의 다리는 몸통에서 땅까지 닿으면 된다고 생각합니다."

인신공격을 기대하고 있던 기자는 머쓱했다. 링컨의 자학개그가 효력을 발휘한 데는 3가지 요소가 있었기 때문이다.

첫째, 상대가 지적하거나 공격하는 부분을 '인정'하는 것이다. 싸움을 기대했는데 잘못했다거나 부족하다고 인정해버리면 상대의 맥이 풀리기 마련이다.

둘째, 호기심을 자극하는 화술을 구사한다. '최악의 댄서', '서커스단', '두 얼굴을 가졌다면', '사람의 다리라면' 등으로 한숨 죽이며 상대를 끌어들이는 초식을 쓸 줄 안다.

셋째, 상대에 대한 배려가 깔려 있다. 상대의 말을 인정해주고, 직접 공격하지 않는다. 약점을 강점으로 바꾸는 마력을 발휘한 자학개그의 정점을 보여준다.

얼핏 보면 비굴해 보일 수도 있고, 자기 존중과 멀어 보이지만 품격을 갖춘 사람으로 대접받는다. 자신을 낮추면서 일어난 반전이다.

낮은 곳에 임할수록 살아나는 품격

"예수님이 베들레헴의 그날 밤처럼 오늘 저녁 이 서울에 오신다면, 바로 집도 절도 없는 몸이 된 여러분 가운데 오실 것입니다."

지금의 아파트 단지가 들어서기 전의 상계동은 정부의 일방적이고 강압적인 철거 계획에 원래 살던 주민들이 천막을 치고 맞서며 1980년대 중반을 보냈다. 그런 대립이 정점에 달했던 1986년 12월 24일 김수환 추기경[1]이 바로 그 상계동에서 성탄 미사를 집전했다. 그때의 강론 중 한 대목이다. 그날의 미사는 급히 가설된 백열전등과 예식용 촛불에 의지하며, 천막 가림도 없는 상계동의 공터에서 열렸다. 당시 400여 명의 원래 상계동 주민들이 상계동에 대규모 아파트 단지 건설을 추진하던 정부와 건설 회사에 현실적인 이주비 등을 요구하며 농성을 하고 있었다. 김수환 추기경은 힘없는 주민들의 든든한 지원군이었다. 철거 용역들이 들이닥치면 주민들과 함께 생활하던 수녀가 김수환 추기경에게 도움을 요청하고, 그러면 다른 일을 보다가도 찾아가서 스스로 방패를 자청했다. 철거가 한창이던 그해 11월에는 두 번이나 상계동을 방문했다. 추기경이 나타나면 무자비한 철거가 중지되었다.

성탄절에 언론의 조명이 집중되는 추기경 집전의 성탄 미사를 그 철거 현장에서 열겠다고 하자, 철거 용역들이 성탄절 당일 낮에 들이닥쳤다. 미사를 드리려고 임시로 세운 천막을 쓰러트리고 불살라버렸다. 미사 전례 도구들도 가져갔고, 심지어는 사람들이 모이지 못하게 하려고 구덩이까지 팠다. 미사를 드릴 수 없을 것 같다고 하는 수녀의 전갈에 김수환 추기경은 전례 도구를 직접 챙겨 가고, '어디 한 귀퉁이에서라도 미사를 봉헌'하겠다며 위로하고 안심시켰다. 그리고 저녁 7시에 철거민들이 급하게 메운 맨땅에서 50여 명의 신자와 주민 30여 명, 위로 방문객 20여 명과 함께 미사를 드렸다. 강론 첫 부분에서 이런 말을 했다.

"오늘 오후 늦게 지금 이 자리에 쳐 있던 천막도 제거되고, 또

불살라졌다는 말을 전해 듣고 참으로 마음이 착잡했습니다. 제가 온다는 것이 이곳 개발에 관계되는 분들을 더욱 자극했는가 하는 생각도 들고, 저 때문에 여러분이 더 고생하는 것 같기도 하고, 참으로 착잡합니다. 그렇다면 용서하여주십시오."

추기경은 폭력까지 동원하여 강제 철거를 하고, 그날 바로 자신이 집전하려던 미사까지 방해하여 추운 날씨에 야외 땅바닥에 앉히고 미사를 집전하게 만든 이들을 욕하지 않았다. 자신의 방문이 그들 '개발에 관계되는 분들'을 '자극'한 것이 아닌가 생각하며 자신에게 어떤 잘못이 있는 것은 아닌지 돌아보았다. 1990년부터 천주교가 행했던 '내 탓이오' 캠페인이 불쑥 나온 것이 아니었다. 한국 천주교의 최고 성직자가 그 험한 곳을 찾아가서 오히려 용서를 빌었다. 진정 위대한 반전의 말씀이었다. 그리고 첫머리의 그 말이 이어졌다. 예수를 이 땅에 다시 태어나게 했다.

'하나님의 아들'이라는 '예수님'이 방을 구하지 못하여 마구간에서 태어나는 상황부터, 그 초라한 마구간으로 동방박사가 찾아오는 것까지 신약성경의 시작은 반전의 연속이다. 다른 종교들도 그 시초에는 그런 반전 요소들이 나온다. 석가모니는 왕자의 지위를 버리고 고행의 길로 들어섰고, 무함마드는 목숨을 구하기 위해 메디나로 피신하는 '헤지라(聖遷)'의 이력이 있다. 유교의 공자도 행색이 '상갓집 개(喪家之狗)'와 같다는 소리를 들었다. 그런 역경이 있어야, 반전이 가능하고, 더욱 빛난다.

무릎 꿇어 일어서다

독일이 통일될 때 스포트라이트를 받은 이는 헬무트 콜 총리였지만, 그 초석을 놓은 이는 누가 뭐라 해도 빌리 브란트 총리다.[2] 폴란드 방문 시 무명용사의 묘비 앞에 무릎 꿇은 모습이 유명하다. 특히 성노예를 비롯한 일본의 전쟁 책임 문제가 거론될 때마다 무책임하게 발뺌하는 일본 정부와 대비되어 소환되는 이미지이기도 하다. 역사에 깊이 각인된 그 모습을 두고 어느 독일 언론은 이런 표현을 썼다.

"무릎을 꿇은 것은 한 사람이었지만 일어선 것은 독일 전체였다."

표현 자체로는 미국의 닐 암스트롱이 달에 첫발을 내딛으며 했다는 "한 사람의 작은 한 걸음이지만, 인류를 위한 큰 도약"이란 말을 연상시킨다. 암스트롱이 선장으로 이끈 아폴로 11호가 달에 착륙한 해가 빌리 브란트가 폴란드를 방문해 위의 모습을 보여주기 바로 전해인 1969년이었으니, 그 말에서 힌트를 얻었을 가능성도 충분히 있다. 한 사람이 무릎을 꿇으며 국가 전체를 일으키고, 원수와 같았던 이웃을 포함한 다른 국가들과 함께 앞으로 나아갈 수 있게 한 위대한 반전을 일으켰다. 그런데 위대한 품격과 진정성을 갖춘 행위로 역사에 기록되어 있지만 당시의 여론은 별로 호의적이지 않았던 것 같다.

당시 〈슈피겔〉의 조사에 따르면 독일인 가운데 48퍼센트는 '지나치다'고 했고, 41.5퍼센트만이 '적당하다'고 답했다. 독일의 과거사 청산과 사죄 역시 쉽게 이뤄진 것이 아니며 내부의 저항을 딛고 격렬한 토론과 공론화를 해온 끝에 공감대를 이뤄낸 것임을 알 수 있다.[3]

극적인 행동 직후 열광에 가까웠던 각국의 반응이 있었는데 저런 결과가 나왔다는 게 놀랍다. 그런 불리한 여론을 대충 짐작하고도 무릎을 꿇는 행동을 했다는 데 빌리 브란트의 위대함이 있다 하겠다. 한국의 대통령이 베트남 민간인 학살에 대해 저런 모습을 취했다면 과연 언론은, 특히 주류 언론은 어떻게 보도했을까? 그리고 국민 여론은 어떤 식으로 나타날까?

빌리 브란트의 소위 '동방정책'에는 파트너가 있었다고 한다. 1963년부터 그와 같이 일하고, '동방정책의 이론적 설계자'라고 불리는 에곤 바르(Egon Karl-Heinz Bahr)이다. 동방정책의 핵심인 '접근을 통한 변화'라는 개념을 만들었다고 하는데, 동방정책에 대해 에곤 바르는 이런 말을 했다.

"현상을 변화시키기 위해서는 먼저 있는 그대로의 현상을 인정해야 하며, 동독에서 자유의 발전은 새로운 정책을 펼치기 위한 전제 조건이 아니라 그로부터 기대되는 결과이다."[4]

통독 얘기가 나오니 북한이 겹쳐 보이지 않을 수 없다. 우리는 북한을 정치단체로, 국가로 인정하지 않는 교육을 학교에서 받았다. '한국전쟁'이란 국제전쟁을 치렀으면서도 그것을 '김일성의 난'으로 명명해야 한다는 식이었다. 그리고 북한에서의 '자유와 인권이 발전되지 않으면', '핵 개발을 멈추지 않으면' 식의 전제 조건이 모든 협상에서 우선해야 한다고 내세운다. 결과로서 그것을 이끌어내는 것과 전혀 다른 방향의 접근이다. 우리는 양쪽이 서로 군사적으로 상대방을 이기려 끝없는 대결을 벌이고 있다. 그러고는 정치적으로는 서로 막말까지 하면서 결과적으로 반전을 막으며 현상을 유지하려 노력하고 있다. 에곤 바르는 2015년에 세상을 떠났다. 그때 이 지구상의 거의 유일한 실질적인 분단국가이면서 어떤 반전의 조짐도 막으려 몸부림치는 듯한 대한민국의 남북을 보면서 그는 무슨 생각을 했을까.

■
사라질수록 가치가 빛나는 것

'법 없이도 살 사람'이라는 칭찬을 받은 이가 손사래를 치며 말한다.

"아니에요. 저는 법이 절실하게 필요한 사람입니다. 너무 약해서 상처받기 쉽기 때문에 법의 보호를 받아야 해요."

인권단체에서 일하는 이가 비슷한 맥락으로 해석될 수 있는 말을 한 적도 있다.

"우리 같은 단체가 없어져야 합니다. 그럴 정도로 인권 의식이 사회에 자리를 잡고 인권을 침해하는 일들이 없어져서 굳이 인권 단체가 있을 필요가 없는 날이 와야 합니다."

국내외 불우한 사람들과 지역사회를 돕는 활동을 하는 단체들이 후원금을 모으기 위한 광고를 꽤 한다. 힘든 처지에 놓인 상황을 보여주며 눈시울을 뜨겁게 해서 도와주고 싶다는 마음이 일어 후원금을 보낸다. 그런데 따지고 보면 국가를 비롯한 사회가 제대로 작동하여 도움을 주고, 궁극적으로는 그렇게 도움을 받아야 하는 불우한 이들이 없는 사회가 되는 게 최선이다. 존재를 부정함으로써 가치를 입증하는 역설적인 단체들이 있다. 없어졌을 때 가치를 최대한 보여주는 역설에 주목하여 커뮤니케이션을 한 단체가 있다.

베트남 남부 산간 지역의 소수민족이 사는 마을에서 1998년부터 월드비전(World Vision)이 자립마을 프로젝트를 시작했다. 식수 시설을 설치하여 아주 기본적인 생존 방편을 마련했다. 매일 강에서 물을 길어오다가 집 안에 우물을 파도록 했다. 주민들에게 다른 일거리에 쓸 수 있는 시간이 생겼다. 수익 기반을 마련하기 위해서 800여 가구를 대상으로 소규모 자영업 훈련을 실시하고, 소액 대출을 알선했다. 노동조합도 결성하여 서로 도울 수 있는 여건도 조성했다. 교수법 교육과정을 열어서 교사들이 이수하게 했고, 아이들 대상으로 아동 권리 교육도 하고, 함께 놀고 공부할 수 있는 아동 클럽도 160개 넘게 개설하여 운영했다. 그렇게 20년이 지나 월드비전이 그 마을에 있을 필요가 없게 되어 떠나게 되었다. 그 얘기를 전하는 영상의 마지막에 이런 자막이 뜬다.

"월드비전이 생각하는 진정한 후원은 후원이 끝나게 하는 것입니다."

또 다른 반전을 담아서 집행한 광고도 있다. 1980년대 미국의 어느 시트콤에서 보호시설에 있다가 입양된 아이가 다른 친구들에게 이렇게 자랑하는 것을 본 적이 있다.

"너희 부모님들은 다른 대안 없이 너희를 낳으셨지. 나는 엄마 아빠한테 선택을 받았어. 다른 친구들도 많았지만 그중에서 나를 선택한 거라고."

입양아들을 막연히 안쓰럽게 보는 시각을 바꾸어주는 말이다. 더 적극적인 선택이라면 입양 대상 아이가 부모를 고를 수도 있지 않을까. 후원을 받는 아이에게도 적용할 수 있지 않을까. 그걸 실제 행동으로 옮기고 영상으로도 만들었다.

"당신이 보낸 사진 한 장, 아이의 첫 번째 선택이 됩니다."

후원자들이 사진을 보내고, 대상 아이들이 사진을 보고 자신을 후원할 사람들을 선택하는 월드비전의 '초즌(Chosen) : 아이의 선택' 캠페인은 그렇게 시작되었다. 아무것도 가진 게 없어서 선택할 여지도 없었던 아이에게 '선택의 기회를 선물'한다는 데 더 큰 의미가 있다. 직접 가구를 조립하는 노동을 함으로써 가구에 대한 애착이 더욱 생긴다는 '이케아 효과'처럼 사진을 보고, 그중에서 선택을 함으로써 후원자와 유대감, 곧 'engagement'가 강하게 형성될 수 있다.

나를 알아봐 달라고 기를 쓰며 외치지 않았다. 결정권을 움켜쥐지 않고 포기하며 넘겨주었다. 그런데 기존의 방식에서 이루지 못한 성과가 나왔다. 그것도 매우 품격 있게, 반전이 만들어졌다.

◢ 우물 속에서 보는 드라마틱한 세상

요즘 아이들, 특히 아파트 단지에 사는 아이들에게 집을 그리라고 하면 어떻게 그릴지 궁금해졌다. 단지 전체는 힘들겠지만 자신이 살고 있는 건물 한 동을 그릴까. 아니면 창문 밖에서 보이는 집 안을 묘사할까. 거실을 중심으로 한 실내 모습을 그릴 수도 있겠다. 아파트가 제1의 주거 형태로 자리 잡기 전의 아이들이 그린 집은 대개 독채 기와집이었다. 지붕을 그리고, 기둥을 양쪽으로 세우고, 마루를 깔고, 기둥 아래 주춧돌을 그려 넣으며 마치는 식이었다. 그런 방식으로 배우고, 의당 그렇게 그려야만 하는 것으로 알았다. 그런데 순서를 거꾸로 주춧돌부터 그리는 이들이 있단다.

노인 목수가 그리는 집 그림은 충격이었습니다. 집을 그리는 순서가 판이하였기 때문입니다. 지붕부터 그리는 우리들의 순서와는 반대였습니다. 먼저 주춧돌을 그린 다음 도리, 들보, 서까래…… 지붕을 맨 나중에 그렸습니다. 그가 집을 그리는 순서는 집을 짓는 순서였습니다. 일하는 사람의 그림이었습니다.[5]

좁은 소견이나 경험에만 의존하여 그릇된 판단을 내리는 걸 비유하여 '장님 코끼리 만지기'란 표현을 흔히 쓴다. 불교경전《열반경(涅槃經)》에는 '군맹무상(群盲撫象)'이라고 하여 직역하면 '장님 무리가 코끼리를 만진다'는 표현으로 나온다. 시각장애인 각자가 만진 부위에 따라 벽, 널빤지, 새끼줄 등으로 코끼리 모양을 표현했다는 데서 유래했다. 그런데 시각장애인 무리가 수백, 수천이 되어 코끼리의 모든 부분을 샅샅이 만져보고 자신이 만진 부분에 대해 표현한 것들을 모아서 코끼리를 그려본다면 어떨까. 눈 성한 이들이 얘기한 것을 보고 그린 코끼리보다 더욱 정교하고 치밀한 작품이 나올 수도 있지 않겠는가. 사실 성한 이들 몇이 작당하여 멀쩡한 사람을 눈뜬장님으로 만드는 '세 사람이 모이면 없던 호랑이도 만들어낸다'는 '삼인성호(三人成虎)'란 속담도 있지 않은가.

'장님 코끼리 만지기'와 비슷한 의미로 '우물 안 개구리'란 뜻의 '정저지와(井底之蛙)', '우물 속에 앉아서 하늘을 본다'는 '좌정관천

(坐井觀天)'이란 속담과 사자성어가 있다. 우물 안의 개구리가 좁디 좁은 우물 입구를 통해서만 하늘을 본다는 좁은 시야를 비유하는 말이다. 하지만 순간의 정지 장면을 잡는 스냅샷이 아닌 카메라를 고정하고 오랜 시간 동안 렌즈에 비친 모습을 잡는 롱테이크(long-take)로 개구리의 시각을 가져간다면 우물은 하늘의 온갖 조화를 바라보고 그 원리를 깨칠 수 있는, 하늘을 향해 열린 창의 역할을 한다.

한 꺼풀씩 벗겨서 깊이 들어가면 드넓은 우주에서 존재감조차 찾을 수 없는 지구에서, 그것도 200개가 넘는 나라의 한 지방, 어느 가정의 구성원이란 우물 속에 우리는 살고 있다. 그 속에서 우물이 좁다고 한탄할 것인가, 우물을 벗어나기 위해 노력할 것인가, 아니면 그 우물 속에서 바깥의 더 넓은 세상과 우주를 느끼며 나 자신을 찾을 것인가가 바로 우물 속의 우리 존재 자체를 규정한다. '글로벌 빌리지(Global village)'[6]라는 말에서 느낄 수 있듯이, 넓어지는 듯 좁아지기만 하는 이 세상에서 어떤 자세를 취하느냐에 따라 정반대의 길을 걸을 수 있다.

집은 주춧돌부터 그릴 수 있다. 정말 집을 짓는 이는 그렇게 그린다. 수많은 장님들이 만진 코끼리가 모이면 더 정교한 코끼리가 그려질 수 있다. 우물 속에서도 하늘의 이치를 깨닫고, 나의 존재 각성을 이룰 수 있다. 고정관념이란 구호가 쓰여진 사방 벽을 부숴야 한다. 거기서 반전의 싹이 움튼다.

상대를 인정하면서 살짝 비틀기

전시회에 가면 자기 제품과 기술의 우수성을 알린다고 '세계 최초', '세계 최대', '가장 빠른' 식의 수식어들이 난무한다. 실제로 그러리라고 믿겠지만 굳이 그런 식으로 외치고 써 붙여야만 했을까. 가뜩이나 소음이 심한 곳에서 서로 같은 방식으로 소리 높이는 게 효과가 있을까. 강하게 부딪치는 상대를 그대로 받아주면서 되받아치는 것이 효과를 발휘하기 쉽다. 상대방을 공격하는 것이 일상인 정치의 세계에서 그런 효과를 내는 데 익숙했던 이들의 사례를 보자.

제2차세계대전 때 영국의 수상을 지냈고, 노벨문학상까지 수상한 윈스턴 처칠을 만나서 얘기하면 누구나 10분 안에 그가 세상의 누구보다도 똑똑하다는 것을 알게 되었다고 한다. 그보다 앞서서 제1차세계대전 때 역시 수상으로 영국을 이끈 로이드 조지를 만나면 누구나 10분 안에 자신이 세상의 누구보다도 똑똑하다고 느끼게 되었다고 한다. 처칠과 조지가 똑같은 성능과 품질을 가진 제품을 판다면 어떻게 할까? 처칠은 최고의 전문가인 자신이 추천하는 것이니까 믿고 사라는 식일 테고, 조지는 '당신처럼 현명한 사람이라면 이 제품을 살 것'이라는 접근을 하지 않을까. 누구에게서 제품을 사고 싶은가? 마케팅 용어로 얘기하면 누가 고객의 편에 서 있는가?

로이드 조지는 영국식 정객(政客)의 유머를 구사한 것으로도 유명하다. 로이드 조지가 강연을 하러 웨일스 지방을 갔을 때의 에피소드이다. 웨일스는 잘 알려진 것처럼 정치적으로 영국에 속하지만, 국제축구연맹(FIFA)에는 '잉글랜드'와 따로 소속되어 월드컵 축구에 별도로 참가할 만큼 독립 성향이 강한 곳이다.

영국 수상 로이드 조지를 디스하려 했는지 강연의 사회자가 "우리 웨일스는 '길이'로 사람의 위대함을 평가하는데, 로이드 조지 씨는 듣던 것과는 다르군요" 하면서 키가 작은 편인 로이드 조지에게 가시 돋친 농담을 했다. 로이드 조지가 바로 받아서 말했다. "웨일스가 '길이'로 사람을 평가한다는 것은 저도 들어서 알고 있습니다. 그런데 '얼굴 길이'로 알고 있었단 말입니다." 로이드 조지는 단신이었지만, 얼굴은 우리가 말하는 '말상'으로 길었다. 장내에 폭소가 터지고 그의 강연회는 열렬한 호응 속에 진행되었다고 한다. 로이드 조지의 유머 스타일은 상대방을 주어로 먼저 내세우며 거기에 자신을 덧붙인다. 그리고 살짝 비튼다.

로이드 조지 식 유머를 기가 막힐 정도로 썼던 아시아의 정치인이 있었다. 중국의 저우언라이(周恩來) 수상이다. 그의 성향을 보여주는 대표적인 유머 2가지가 있다. 1949년 중국이 공산화된 이후 10여 년이 지나서 가진 기자회견에서 어느 서방 기자가 물었다. "당신들이 그렇게 중국을 개혁하는 데 성공했다고 하지만,

아직도 중국에 창녀들이 있다는 얘기가 있어요. 맞습니까?" 저우언라이 수상이 대답했다. "네, 맞습니다." 질문한 기자부터 현장에 있던 사람들이 모두 깜짝 놀랐다. 저우언라이 수상이 표정도 바꾸지 않은 채 뒤를 이었다. "타이완에 아직도 있습니다."

저우언라이가 흐루쇼프 소련 공산당 서기장을 만났다. 중국과 소련이 누가 공산주의의 정통을 지키고 있는지 설전을 벌이고 때로는 국경에서 유혈 충돌을 벌일 때였다. 뻐기기 좋아하는 흐루쇼프가 말했다. "당신 집안은 부르주아였다면서요? 난 정통 노동자 집안 출신이오." 표정 하나 변하지 않고 저우언라이가 말했다. "네, 알고 있습니다. 우리 둘의 큰 차이점이죠." 그리고 되받아쳤다. "그런데 출신 계급을 배신했다는 공통점을 우리 둘 다 갖고 있습니다."

상대방의 가시 돋친 말에 저우언라이는 반박하지 않았다. 그는 수긍하면서 주의를 집중시키고, 이어 반전으로 효과를 증대시켰다. 여유가 뒷받침되어야만 나올 수 있다. 그래서 유머와 함께 그런 말에서는 품격을 느낄 수 있다. 메이커들의 '세계 최초'와 같은 문구는 자신의 입장에서 하는 말이다. 여럿이 같은 말을 할 때는 더욱 그렇게 느낀다. 그런 말에는 사람들이 신경 쓰지 않으니 독백에 그칠 뿐이다.

Relax

생력

힘을 빼라

[省力] 02

아무것도 일어나지 않을 때 어떤 것도 일어난다

스포츠 종목의 글로벌화란 측면에서 20세기 말의 총아가 농구였다면 21세기는 단연코 축구이다. 유럽의 최고 팀을 가리는 챔피언스리그는 한국에도 열혈 팬들이 많다. 손흥민이 소속된 토트넘을 포함한 몇몇 경기는 시간에 관계없이 본방사수를 한다. 토트넘이 준우승을 차지한 2019년 챔피언스리그의 경기 전후와 하프타임에 대회 스폰서인 하이네켄 광고가 나왔다. 거기에는 이탈리아 출신의 안드레아 피를로가 나왔다. 피를로가 처음으로 각인된 건 유럽 대표팀들 간의 국가대항전인 유로 2012였다.

유로 2012는 2010년 월드컵에서도 우승하며 당시 무적함대라고 불렸던 스페인의 우승으로 끝났다. 그 대회에서 MVP는 우승한 스페인의 안드레스 이니에스타 선수였지만, 가장 각광받은 선수로 준우승을 한 이탈리아를 이끌었던 안드레아 피를로 선수를 꼽는 이들이 많았다. 실제로 피를로는 MVP 경합에서 이니에스타를 줄곧 앞서다가 마지막 순간에 '그래도 우승팀에서 MVP가 나와야지' 하는 여론에 아깝게 밀렸다고 한다.

피를로의 경기 스타일을 보면 그는 결코 서두르는 법이 없다. 슬렁슬렁 동네 산책하듯이 경기장 이곳저곳을 다닌다. 그래도 이탈리아 공격의 출발과 결정적인 기회가 그의 발끝에서 나온다. 많은 축구 전문가들이 그를 '공을 가지고 있지 않을 때 움직임이 좋다'고 한다. 그는 힘을 뺄 줄 안다. 힘을 빼고 어슬렁거리는 사람을 쫓아다니는, 잔뜩 힘이 들어간 상대는 지레 지쳐버린다. 그리고 결정적인 순간에 힘을 내지 못한다.

힘을 빼서 상대방을 무력화하는 대표적인 장면을 그는 유로 2012 영국과의 승부차기에서 연출했다. '파넨카킥'[7]이라고 하는, 힘을 빼고 슬쩍 공을 원래 골키퍼가 있는 곳으로 올려, 한쪽 방향으로 몸을 날리는 골키퍼를 우습게 만들어버리는 장면을 연출했다. 파넨카킥은 대담한 시도이다. 골키퍼가 제자리를 지키고 있으면 쉽게 막을 수 있다. 그러나 위험한 만큼 성공하면 상대방의 기를 제압하는 효과가 있다. 피를로에게 파넨카킥을 당한 영국은 다음 키커가 실축을 하고 결국 이탈리아에게 4강 자리를 내주었다.

한국 축구에는 예전에 발발이형 선수들이 많았다. 경기 내내 공이 있는 곳이면 그 선수가 있다고 할 정도로 부지런히 공을 쫓아다닌다. 1994년 미국 월드컵에서 공격을 맡았던 어느 선수는 최전방 측면 끝에서 공을 뺏겼다가 결국 패스되는 공을 우리 진영의 구석까지 따라와서 공을 뺏는 투지를 보여 그 왕성한 체력을 과시함과 동시에 투지의 화신으로 찬사를 받았다. 그런데 과연 그 선수들이 실제의 승부에 얼마나 영향을 미쳤을까? 그런 유형의 플레이는 유럽이나 남미와 같은 축구 선진국과의 국제경기에서는 거의 효력을 발휘하지 않았다. 지금은 그런 선수를 거의 찾아보기 힘들다. 완급을 조절하며 뛰는 선수를 우수한 기량을 갖춘 선수로 꼽는다.

"아무것도 일어나지 않을 때 어떤 일도 일어날 수 있다.(It's when nothing happens that anything can happen.)"

피를로가 대미를 장식한 챔피언스리그의 하이네켄 광고 카피다. "결정적인 순간은 예기치 못한 때 온다"고 의역할 수 있겠다. 광고에서는 잠깐 한눈파는 사이에 골이 들어가는 상황이 나온다. 실제 우리 인생이 그렇지 않을까. 항상 눈을 부릅뜨고, 일이 벌어지는 곳마다 쫓아다닐 수는 없다. 어떤 때는 피를로처럼 힘을 빼야 정말 필요할 때 제대로 힘을 발휘할 수 있다.

나약할수록 이기는 기술

세월호에서 목숨을 잃은 안산 단원고등학교 학생들의 유가족들이 2014년 7월 광화문 광장에 세월호 진상 규명을 호소하며 천막을 설치했다. 그리고 4년 8개월 만에 천막을 해체했다. 아직도 사건의 원인과 대처 와중에서의 의문점들이 남아 있고 유가족들의 슬픔이야 가실 수가 있겠냐마는, 천막 아래서 5년 가까운 세월을 함께하며 쌓은 유대가 그 모진 시간들을 버티게 해준 원동력이 되었을 것이다.

유가족의 가슴을 짓누른 건 슬픔만이 아니었다. 그들에게 정치적이거나 이데올로기적인 색깔을 덧씌우기도 하고, 단식투쟁을 할 때 옆에서 닭고기 파티를 여는 중세기에나 나올 법한 유치한 행위도 자행되었다. 특별법 서명을 받던 곳에서 어느 날은 일군의 노인들이 쳐들어와 서명대 집기를 부수고 유가족들에게 욕설을 퍼부었다. 노인들의 소동이 한바탕 벌어지고 약간 진정된 후에 행패를 부리다 쉬고 있는 노인 한 명에게 정신과 의사 정혜신 박사가 다가가 대화를 시도했다. 정혜신 박사는 세월호 유가족들의 정신적 트라우마 치료와 위로를 위한 자원봉사 활동을 꾸준히 행하고 있었기에, 광화문 천막에 자주 가 있었다.[8]

"고향이 어디세요?" 정혜신 박사가 노인에게 건넨 첫마디였다. 노인은 대화를 하면서 묻지도 않았는데, 오래전 세상 떠난 아내, 자신을 거들떠보지도 않는다는 아들과 며느리 얘기까지 했다. '거리에 버려진 부서진 장롱 같은' 노인의 삶 얘기를 들으며 정혜신 박사는 눈물이 차올랐단다. 그리고 노인이 불쑥 말했단다.

"내가 아까 그 아이 엄마(세월호 유가족)들한테 욕한 건 좀 부끄럽지."

정혜신 박사가 대답했다.

"그런 마음이셨군요. 그러셨군요."

광화문 천막 현장에서 서명대를 둘러싸고 벌어진 소란에서 정혜신 박사는 피해자였고, 노인은 가해자였다. 피해자는 잘못을 지적하지도 않고, 사과를 요구하지도 않았다. 사건과 관련 없어 보이는 개인적인 질문을 던졌고, 그로부터 대화를 하며 얘기를 들어주기만 했다. 자신의 신산했던 삶과 현재의 곤고한 상황을 털어놓던 노인은 스스로 자기의 행동을 되돌아봤다. 그리고 본인이 행패를 부린 유가족들에게 미안함을 표시했다.

모 회사의 홍보실에서 신입사원 태를 벗지 못하고 일하던 시절이었다. 언론 담당 직원들이 회사 소속 기사가 모는 차를 타고 언론사에 보도자료를 돌리곤 했다. 어느 날 대학교 몇 군데를 내가 다녀야 해서, 보도자료를 돌리는 차를 타게 되었다. 승용차 뒷좌석에 타자마자 기사 아저씨가 툭 말을 던졌다. "처음 보는 얼굴이네. 언제 왔어?" 그렇게 시작해 몇 가지 질문 끝에 내 나이를 물었다. "아, 나랑 같은 띠네. 내가 말 놓아도 되겠네." 그전까지 계속 반말을 하고는 새삼 그런 말까지 했다. 이후 그 기사 아저씨가 인생 역정 얘기를 하고 주로 나는 듣는 편이었다. 지방에 있는 학교까지 세 학교를 돌고 저녁 무렵에 회사로 들어오는데, 의식하지 못하는 어느 순간부터 그 아저씨가 내게 계속 존댓말을 하고 있었다. 이후 우리 사무실에 들를 일이 있으면 그 아저씨는 나에게만은 깍듯하게 존댓말로 인사했다. 한 선배가 물었다. "저 사람이랑 모두 한바탕 싸웠는데, 너한테는 어떻게 저렇게 존대를 하지?"

기사 아저씨가 처음에 만나자마자 툭 던지는 반말이 선배들과 싸우게 되는 발단이었다. 자신이 태우고 다녀야 하는 직원보다 나이가 많았지만, 학력에 의해 결정되던 직급 구조에서 아래일 수밖에 없었던 아저씨는 반말로 도발하면서 숱한 전투를 치르며 자신의 존재를 확인하는 과정을 거쳤던 것 같다. 그런데 소심하여 반말거리도 나이 차이가 나니까 의당 그러려니 하고 들은 내게는, 자신의 얘기를 한껏 부어놓고 나서 매너를 갖춘 기사로 최고의 서비스를 제공했다.

자신의 제품과 서비스가 최고라며 소비자들의 눈과 귀에 집중 포화를 퍼붓는 기업들이 많다. 그걸 몰라주는 게 야속하고 안타까워 더욱 그런다고 한다. 소비자들의 마음을 바꾸는 반전은 강력하게 외쳐댄다고 벌어지지 않는다. 자신의 업종과 직접적인 관련이 없더라도 소비자에게 집중하여 얘기를 들어주는 게 필요하다. 소비자들의 결핍된 부분을 이해해주며 공감하는 자세가 우선되어야 한다. 그러면 얘기를 들어준 데 대한 보답을 요구하지 않더라도 먼저 나서서 챙겨주는 경우가 많다. 자신의 주장을 한 번 접으며 상대를 배려하는 품격에서 생기는 반전이다.

◥

힘없는 공이 허를 찌른다

한국에서 빠른 공 투수의 대명사 중 하나로 2007년 불의의 사고로 유명을 달리한 박동희 선수를 꼽는다. 대학 시절 자신이 다닌 대학의 특성을 따라 '민족투수'라고도 불렸던 그는 불세출의 선동렬 투수보다 빠른 공을 마구 뿌려댔다. 그런데 선동렬 투수에게는 속도를 죽인 슬라이더가 있었지만, 그에게는 오직 엄청나게 빠른 직구만이 있었다. 체력마저 타고난 그는 9회 내내 거의 속도가 줄지 않는 불같은 속구를 뿌려댔다. 그렇지만 두어 번 타순이 돌고 난 후, 속도에 익숙해진 타자들은 공을 커트하여 파울 볼을 만들거나 안타를 때려대기 시작했다. 강속구의 위용을 자랑하며 타자들을 압도하다가 배트를 짧게 쥐고 나온 타자들에게 시달리며 결국 점수를 내주고 나가는 그의 모습 자체가 익숙해지곤 했다. 같은 양상이 되풀이된 어느 날 함께 그의 경기를 시청하던 친구가 혼잣말을 했다. "세상에 너처럼 공을 세게 던지고 경기에 지는 투수는 없을 거다."

그렉 매덕스는 메이저리그 역사상 최다승 부문에서 355승으로 역대 9위에 올라 있다. 1980년 이후 데뷔한 선수로 10위 안에 든 투수는 그를 제외하고는 로저 클레멘스밖에 없다. 그는 선수 생활을 하는 동안 불같은 강속구를 지닌 클레멘스와 줄곧 비교되었다. 클레멘스의 강속구와 비교하여 그는 자로 잰 듯한 제구력을 제외하면 내세울 만한 무기가 없었다. 그의 투구 빠르기는 그저 그랬고, 변화구의 각도도 리그 평균 수준이었다. 그의 장기는 타자들의 허를 찌르는 힘없는 공이었다. 그런 공이 교묘하게 타자들의 타이밍을 뺏었다. 별로 많이 던지지 않았지만, 몇 차례 던지는 힘없는 공이 타자들에게는 마치 클레멘스의 직구처럼 느껴졌다. 그는 또한 17년 연속 가장 수비를 잘하는 투수로 골든글로브 상을 수상했다. 투구할 때 몸에 힘이 들어가지 않아 투구 후에도 유연한 자세를 유지할 수 있었다.

클레멘스는 힘도 좋았지만 승부욕의 화신이었다. 2000년 가을 월드시리즈에서 뉴욕을 본거지로 하는 두 팀인 뉴욕양키스와 뉴욕메츠가 맞붙었다. 소위 '지하철 시리즈'가 열렸다. 뉴욕메츠의 공격 선봉장은 포수를 맡고 있던 마이크 피아자였다. 피아자는 LA다저스 시절 박찬호와 함께 뛰었던 선수로 한국 팬들에게도 낯익은 공격형 포수이다. 피아자는 특히 클레멘스에게 강한 모습을 보였다. 7월에 인터리그9 경기에서 클레멘스가 피아자의 헬멧을 맞히는 공을 던졌는데, 자신이 피아자에게 당했던 것의 보복이라고들 했다. 실제 그랬는지 언론이나 팬들이 만들어낸 것인지

앙숙 관계의 두 선수가 월드시리즈에서 만났다.

클레멘스의 강속구를 피아자가 쳤는데 빗맞아서 배트가 부러지며 파울이 되었다. 동강 난 배트가 투수 마운드 쪽으로 날아갔고 클레멘스는 그것을 집어서 반사적으로 1루로 뛰던 피아자에게 던졌다. 양쪽 벤치의 선수들이 나와서 말려 난투극은 벌어지지 않았다. 클레멘스는 나중에 피아자를 맞히려 한 것은 아니었다고 했지만 대부분의 사람들이 믿지 않았다. 클레멘스의 승부욕이 그런 행동을 불러온 것이라고 봤다. 클레멘스의 과도한 승부욕이 강속구를 만들기도 했지만, 그를 약물 복용으로 이끌었다고 본다. 그는 힘을 빼고 투구하는 방법을 몰랐다. 육체의 힘이 떨어졌을 때 순리에 맞춰 던질 줄 몰랐다. 강약을 조절하는 방법을 몰랐다.

클레멘스는 거의 은둔 상태로 지내고 있다. 반면 매덕스는 메이저리그 팀에서 어린 투수들을 지도하고, 간간이 TV 해설자로 등장하며 야구계의 신사 원로로 대접받고 있다. "사람이 죽고 살 만한 회사 일은 없다." 처음 직장생활을 시작하며 상사에게 들은 말이다. 모든 회사 일에, 24/7의 모든 시간에 자신의 모든 것을 건다고 자랑하는 사람들이 있다. 정말 중요할 때 그는 평소와 똑같은 모습밖에 보일 게 없는 사람이다. 힘을 빼자. 그게 반전의 첫걸음이 될 확률이 높다.

유치원생이 CEO를 이길 때

스파게티로 탑을 쌓고 맨 위에 마시멜로를 올려서 그 높이를 다투는 게임이 있다. 왜인지는 모르겠으나 보통 4명이 한 팀을 이뤄 18분 동안 진행한다. 18분이라는 시간은 아마도 50~60분이라는 정해진 수업 시간에 맞춰서 먼저 기본 설명을 하고, 끝난 후 토의까지 진행하는 것을 감안한 것 같다. 한국에서도 리더십이나 신입사원 교육과정에서 이 게임을 하는 것을 수차례 보았다. 어느 집단이 우수한 성과를 내는가에 관한 잘 알려진 사실이 있다.

변호사, 경영대학원생(MBA), CEO, 건축가, 유치원생 집단 중에 유치원생들이 경영대학원생이나 CEO, 변호사 집단보다 뛰어난 성과를 보였다는 것이다. MBA 과정 학생들이나 CEO들은 누가 무엇을 하고, 어떻게 탑을 쌓을 것인가 토의하느라 시간을 보내다가 나중에 허겁지겁하면서 실패하는 경우가 많다고 한다. 그에 비하여 유치원생들은 자유롭게 서로 시도하면서 쌓아 올리기에 실패도 하지만 성공하는 비율도 높다는 것이다. 이는 식상할 정도로 알려진 사실인데, 같은 게임을 두고 다른 실험을 한 경우도 있다고 한다.

스탠퍼드 경영대학원에서 실리콘밸리의 스타트업 80팀을 선정하여 이 게임을 진행했다. 그런데 일부 팀에게는 팀원들이 '자신의 재능, 강점, 열정에 잘 맞고 과업에 기여할 수 있는 바'를 반영한 직함을 만들고, '직함의 역할에 해당하는 책임과 업무'를 기술하고, 서로의 직함과 업무 내용을 공유하게 했다. 자신이 맡은 업무와 공헌하는 가치를 반영한 '수다 최고책임자', '사교계의 꽃', '전략의 술탄', '코드 수호자', '제품 디자인의 신' 등의 직함들이 나왔다. 당연하게 직함을 만든 팀들이 그렇지 않은 팀들보다 월등한 성과를 냈다고 한다.

실제 업무를 수행하는 데도 직함 명칭을 가지고 반전을 이루어낸 사례가 있다.[10] 불치병에 걸린 어린이들이 소원을 이루도록 지원하고, 희망, 용기를 주는 활동을 하는 비영리법인 '소원성취 재단(Make-a-Wish Foundation)'의 직원들은 업무 부담이 과중하고, 불치병에 걸린 어린이들을 상대하며 겪는 슬픔 등으로 감정이 소진되는 등 고통이 심했다고 한다. 우연히 디즈니랜드에서 직원들이 고유의 가치, 정체성, 재능을 반영한 직함을 만든다는 걸 재단 대표가 알게 되었다. 재단의 직원들이 감정적으로 힘들다고 해도 궁극적으로는 기쁨을 만들어내는 사명을 다하고 있다는 사실을 환기시킬 목적으로 공식 직함에 더해 스스로 나름의 직함을 새롭게 만들도록 했다.

재단의 책임자는 자기의 직함을 '소원을 들어주는 요정 할머니'라고 했다. '달러와 센스 장관(COO, 최고운영책임자)', '인사의 여신(행정팀 직원)', '행복뉴스 파발꾼(홍보팀장)', '데이터 공작부인(데이터베이스 관리자)', '행복 기억 메이커(소원팀 관리자)' 등의 직함들이 나왔다. 직원들은 기존 직함에 새로 만든 것들까지 더해진 명함을 지급받았다. 어떤 변화가 일어났을까.

85퍼센트의 직원들이 감정 소진 위험이 줄어들었다고 했다. 69퍼센트는 자신의 개성과 정체성을 알리는 기회가 되었다고 했다. 자신들이 종사하는 직무가 궁극적으로 기여하는 사명을 떠올리며 '극한 상황임에도 즐거운 면에 초점을 맞출 수 있게 되었다'고 했다. 그보다 커뮤니케이션 면에서 더한 장점이 있다고 본다. 처음 만난 사람들에게 이런 명함을 주면 어떤 반응이 나올까? 재미있다며 어떤 일을 하고 있냐, 혹은 왜 그런 직함을 붙였냐며 물어본다. 바로 대화가 시작되는 계기로 작용한다. 표준산업분류코드 같은 무미건조한 직함명을 살짝 바꿔보라. 상상 이상의 반전이 일어날 것이다.

하지 않은 일에 대한 자부심

"몇 년째 똑같은 광고를 내보내고 있는데 내가 왜 광고대행사에 몇백만 달러의 돈을 지불해야 하나?"

지난 세기 초에 미국의 꽤 유명한 기업의 창업자가 오랫동안 협력하던 광고 회사 대표에게 이렇게 푸념했다. 그러자 "우리는 그렇게 바꾸지 못하게 하는 대가로 돈을 받는 겁니다"라고 광고 회사 대표가 대답을 했다는 전설이 있다. "내가 쓰는 광고비의 절반은 허비하고 있는 것 같은데, 문제는 어느 쪽 절반인지 알 수가 없다는 거야"라는 말을 남긴 미국 백화점 업계의 개척자 존 워너메이커(John Wanamaker)[11]가 첫머리에 인용한 말의 주인공이라고도 하는데 확실하지는 않다.

유행어가 하나 나오거나, 예능 프로그램에 나온 유명인이 화제가 되었다 싶으면 그에 맞춘 광고를 새로 만들어야 하는 것 아니냐고 하는 이들이 있다. 혹은 경쟁사에서 새로운 광고가 나오면 우리도 뭔가 해야 하지 않냐고 한다. 계속 문제가 생길 때마다, 아니면 철이 바뀔 때마다 새로운 광고를 가지고 나와야만 하는 것처럼 생각하는 부류이다. 반면 될 수 있는 한 효과가 나올 때까지, 아니면 어떻게든 효과가 있다고 생각하고 진득하게 기다리는 사람들도 있다. 유감스럽게도 갈수록 광고주나 광고대행사 내부에서 전자의 성급한 부류가 많아지고 있다.

"사람들은 초점을 맞춘다는 것이 집중해야 할 대상에 '예스'라고 말하는 것을 의미한다고 생각합니다. 하지만 사실은 전혀 그렇지 않습니다. 초점을 맞춘다는 것은 눈앞에 있는 100여 개의 훌륭한 아이디어에 '노'라고 말하는 것을 의미합니다."

스티브 잡스가 1997년 애플 개발자회의(WWDC, World Wide Developers Conference)에서 한 말이다. 그래서 그는 "하지 않은 일에 대해서도, 한 일에 대해서 느끼는 만큼의 자부심을 느낀다"고 한다. "전략의 핵심은 하지 말아야 할 것을 선택하는 것"이라고 말한, 경쟁우위 전략으로 잘 알려진 비즈니스 전략 부문의 대가 마이클 포터의 말과도 일맥상통한다.

소비자에 대한 정보가 많아지면서, 광고하는 사람들은 원하는 소비자들을 꼭 집어낼 수 있고, 원하는 대로 이끌 수 있다고 생각한다. 그러면서 뭔가 자신들이 생각할 때 새롭다고 하는 거리를 가지고 목표 소비자에게 무차별적인 폭격을 퍼붓는다.

예전과는 비교할 수 없을 정도로 소비자들도 기업과 브랜드에 대한 정보를 많이 가지고 있다. 소비자들은 소비자들대로 자신들이 기업을 리드할 수 있다고 생각한다. 요즘 세상에는 속도가 기업 활동에서 생명처럼 중요한 것이기는 하지만, 괜히 소비자를 넘겨짚어 엉뚱한 방향으로 먼저 가는 것은 올바른 속도가 아니다. 소비자의 욕구가 분출되는 시점에서 그 욕구의 핵심을 얼마나 소비자들이 원하는, 용인할 수 있고, 알맞다고 생각하는 시간 내에 맞추느냐가 관건이다.

소비자의 욕구를 제대로 잡아내기 위해서는 가만히 기다릴 줄 알아야 한다. 그런 광고주에게 광고대행사는 어쩌면 광고주가 행동을 취하지 못하게 하는 것에 덧붙여 기다리는 시간을 함께하는 대가로 보수를 받는 것일 수도 있다. 그러기 위해서는 광고하는 사람들이 먼저 인내심과 겸양지덕을 키워야 할 것 같다. 성질 급하다는 것과 지식의 양을 자랑하는 것이 타고난 광고인의 미덕이라고 치부하는 그런 속성은 이제 떨쳐버리자. 그것이 광고인에게만 해당이 되는 건 아니다. '빨리'와 '과시'가 사람의 능력을 증명하는 기준이 된 세상에서, 기다림과 겸양이 차라리 긍정적인 반전을 일으키기 쉽다.

게으른 개미 효과

한 생물학자는 개미 무리의 80퍼센트는 성실히 일하고 나머지 20퍼센트는 이곳저곳을 돌아다니기만 할 뿐 일은 하지 않으면서 게으름을 피운다는 사실을 발견했다. 그러나 식량 공급자가 사라지거나 개미집이 파괴됐을 때 부지런한 개미들은 속수무책이 되었다. 오히려 게으름을 피우던 개미들이 미리 정찰해둔 새로운 식량 공급자로 무리를 인도했다. 게으른 개미들이 사라지기라도 하면 온 개미 무리가 혼란의 도가니에 빠졌다.[12]

위의 사실을 두고 '한 마리의 게으른 개미가 전체 개미 무리의 생존을 좌우하는 현상'으로 '게으른 개미 효과'라고 부른다. 평상

시에는 농땡이를 피우지만 비정상의 절박한 위기 상황에서 다른 행동 방식으로 해결책을 찾는 데는 열심히 주어진 틀 안에서만 성실히 보낸 개미들보다는 이리저리 돌아다니며 게으름을 피운 개미들이 확실히 나을 것이다. 그래서 개미 연구를 소재로 한 '게으름뱅이 개미 존재 이유 있다'라는 제목의 기사는 이렇게 단언하여 결론으로 전한다.

"개미 집단의 장기 존속을 위해 일하지 않는 개미가 일정 부분 존재할 필요가 있다."[13]

구글에서 근무 시간의 20퍼센트는 업무와 직접 연관이 없는 다른 것들을 연구하고 시도하는 데 쓰도록 한다는 제도도 같은 맥락의 시도일 것이다. 당장 도움이 되지는 않겠지만 기업 차원에서 신규 사업을 준비하는 것이기도 하고, 직원들은 개인의 경쟁력을 키우며 80퍼센트의 시간은 더욱 회사 일에 집중할 수 있는 안정감을 갖게 된다. 어쨌든 책상에 붙어 있어야만 공부한 것으로 쳐주고, 우등상보다 개근상이 더욱 의미 있다는 교육의 연장선 그늘에 묻혀 있는 한국 기업에서는 게으르기 쉽지 않다. 일의 범위가 너무나도 좁게 규정되어 있다. 그 규정은 객관성이라는 미명하에 계속 세밀해져 간다. 규정이 정하지 못한 분야가 나오면 멍하게 있게 된다. 이런 상태에서 무슨 창조력이 발휘되겠는가. 창조력은 고사하고, 지속 가능하지도 않다. 온힘을 쏟는 순간순간이 이어지며 모두가 지쳐버려 정작 집단의 장기 존속을 위한 기반은 허물어져 버린다.

개미를 가지고 실제 연구를 수행한 교수는 이렇게 결론지었다.

"일하지 않는 개미가 일정 정도 포함된 비효율적인 시스템이 집단의 존속에 불가결하다는 사실이 확인됐다. 인간 조직도 단기적인 효율이나 성과보다 장기적인 관점을 갖고 운영하는 게 중요하다는 점을 시사하는 결론이 아니겠는가."[14]

모두가 '번아웃(burn-out)'되는 사회라면서, 번아웃되지 않으면 불성실하고 사회 부적격자로 낙인찍어 버리는 이 사회를 어찌할 것인가. 하루 종일 잠만 자거나 떠들면서도 교실 책상에 붙어 있어야 하는 아이들과, 토요일 회사에 나와야만 안심이 된다는 굴지의 대기업 몇몇 임원들의 모습이 불쑥 떠오른다. 게으른 개미의 가치를 부르짖은 이도 그런 무기력한 청소년 학생들과 과로하지 못하여 전전긍긍하는 대기업 임원의 모습이 떠올랐을까. 그들을 향해 경고 겸 부탁을 한다.

어떤 직원이 별로 하는 일은 없어 보이는데 월급만 많이 받는다면 덮어놓고 비난하기보다는 그 이유를 곰곰 생각해보기 바란다. 관리자는 모범적인 직원에게만 주목할 것이 아니라 한가하다 못해 종종 한심해 보이는 직원에게도 관심을 보여야 한다. 게으른 개미의 잠재력을 지닌 그에게 자신의 능력과 창의력을 입증할 시간과 기회를 주어야 한다. 한 마리 게으른 개미의 능력은 분명 백 마리 부지런한 개미가 잃은 것을 만회하고도 남을 만큼 뛰어날 것이다.[15]

어떤 면에서 우리는 아이들과 직원들의 잃어버린 잠재력을 부지런함으로 메우려 몰아치면서 여기까지 온 것인지도 모르겠다. 굳이 모두가 한공간의 사무실에 얽매이지 않는 모바일 오피스가 늘어나고, 코로나19로 재택근무 형태도 이상하지 않은 세상이 되었다. 성실함과 게으름의 정의도 바뀌어야 할 것이다.

"결정적인 순간은 예기치 못한 때 온다." 항상 눈을 부릅뜨고, 일이 벌어지는 곳마다 쫓아다닐 수는 없다. 어떤 때는 힘을 빼야 정말 필요할 때 제대로 힘을 발휘할 수 있다.

의지

다지고 지켜라

10만 달러를 버리자 30만 달러가 들어오다

북미 대륙 태평양 연안에서 미국 땅으로 가장 북쪽에 자리 잡은 워싱턴주를 캐스케이드(Cascade) 산맥이 관통한다. 그 산맥을 경계로 서쪽을 웨스턴 워싱턴이라고 한다. 시애틀도 웨스턴 워싱턴 안에 있고, 이스턴 워싱턴보다는 인구도 많다. 초중고 여학생들을 대상으로 하는 걸스카우트의 관할 구역도 웨스턴 워싱턴을 한 단위로 했다. 걸스카우트 같은 단체는 거의 기부금에 의존하여 활동한다. 미국에서도 제법 잘사는 지역으로 손꼽히지만, 항상 자금에 쪼들리는 건 500명의 소녀 대원으로 구성된 웨스턴 워싱턴도 다른 지역이나 국가의 걸스카우트와 다를 바 없었다.

애타게 후원자를 찾던 웨스턴 워싱턴 걸스카우트 지부에 2015년 어느 날 10만 달러짜리 수표가 후원금으로 배달되었다. 후원자는 과거에도 몇 차례 수표를 보냈지만 그 정도 거액은 아니었다. '없는 집에 소 들어왔다'는 표현이 딱 맞는 상황이었다.

그런데 조건이 하나 붙어 있었다. 성전환 수술을 해서 걸스카우트로 들어온 소녀 대원을 위해서는 쓰지 말라는 것이었다. 웨스턴 워싱턴의 걸스카우트 책임자는 2012년 성전환 소녀를 받아들이지 않기로 한 콜로라도주의 결정에 항의하고 전미 걸스카우트의 태도를 확실히 하라는 성명을 발표한 전력이 있었다. 그러니 아마도 웨스턴 워싱턴에는 아주 소수이긴 하지만 성전환을 한 걸스카우트 대원이 있었을 공산이 크다. 가난한 사회단체에 10만 달러는 너무나 큰돈이었다. 과연 어떻게 해야 할 것인가.

'걸스카우트는 모든 소녀를 위한 단체이다'라며 후원자가 보낸 10만 달러 수표를 돌려주었다. 고민하지 않았냐는 기자의 질문에 웨스턴 워싱턴 걸스카우트 책임자는 너무나 쉬운 결정이었다고 했다. 대신 그는 수표를 반환하며 쓴 문구와 같은 #ForEveryGirl 해시태그와 함께 크라우드펀딩 사이트 인디고고 (Indiegogo)로 달려갔다. 하루 만에 10만 달러라는 인디고고에 지정한 목표액을 2만 달러 상회하는 실적을 올렸다고 한다. 최종적으로 목표 대비 3배가 넘는 33만 8천 달러를 모금하는 데 성공했다.

성소수자에 대한 긍정 또는 부정의 논란은 잊자. 10만 달러 기부자와 웨스턴 워싱턴 걸스카우트 책임자의 방식은 확실히 달랐다. 돈을 걸고 누구에게는 신념일 수 있는 것을 배척하라고 하며 극소수라도 피해를 입힐 수 있는 조건으로 압박하는 기부자는 천민자본주의의 일면을 극명하게 보여준다. 그에 반해 걸스카우트 책임자는 '걸스카우트는 모든 소녀를 대상으로 한다', '자신 혹은 부모의 의사에 따라 걸스카우트가 된 소녀를 내칠 수 없다'라는 상식에 기초한 의지에 따랐다. 그냥 거부한 게 아니라 반전이라고 볼 수 있는 행동이 이어졌다. 바로 인디고고라는 크라우드 펀딩으로 가서 대중의 상식에 호소한 것이다.

파타고니아(Patagonia)의 설립자 이본 슈나르(Yvon Chouinard)가 이런 말을 했다.

"황당하게 들릴지도 모르겠지만 지구를 위해 최선이라고 생각한 결정을 내리면 돈은 저절로 따라왔다."[16]

실제 그렇게 옳은 일을 하면 극도의 결핍을 예상하게 되는데, 자연스럽게 경제적인 부분까지 해결되어 버리는 반전이 일어나기도 한다. 수익성만 따지며 일한 경우보다 훨씬 높은 확률로 일어남을 자신한다.

◢

버릴수록 얻어지는 것

《삼국지연의(三國志演義)》에서 한나라의 뒤를 잇겠다며 촉(蜀)나라를 건국한 유비(劉備)는 의형제 관우(關羽)의 원수를 갚겠다고 친히 군사를 이끌고 오(吳)나라를 공격했다. 오나라의 아이들까지 유비의 별칭인 유황숙[17]이 온다고 하면 울음을 그칠 정도로 초반에 위세를 떨쳤지만, 결국 오나라 육손(陸孫)의 불 공격에 크게 패하고 오나라 국경에 위치한 백제성으로 후퇴하였다. 시름에 잠긴 유비는 병이 들어 결국 백제성에서 죽음을 맞게 되었다. 그는 수도인 성도(成都)에 있던 국무총리 격인 승상 제갈량(諸葛亮)을 비롯한 중신들을 불러 유언을 남긴다. 죽음을 앞둔 유비는 제갈량이 생각지도 못한 얘기를 한다.

"내 아들이 보좌할 만한 인물이라면 그를 보좌해주고, 재능이 없다고 여겨지면 승상 당신이 직접 성도의 주인이 되도록 하시오."

이때가 예순셋의 나이로 40년간 전장을 누빈 유비가 가장 용감함을 발휘했던 순간이라고 생각된다. 유비는 그의 자식과 나라를 걸고 유언이라는 형식을 빌려서 그의 모자란 아들 유선(劉禪)의 안전과 제갈량의 충성을 확보했다. 사실 유비는 낯 두껍고 속마음을 감추는 '후흑(厚黑)'의 대표 인물로 꼽힌다. 그런데 이 후흑은 무언가를 버림으로써 이루어진다. 유비가 가장 잘 버린 것은 자신의 체면이었다. 조조(曹操)와 둘이 식사를 하면서 '천하의 영웅은 나 조조와 당신뿐'이라는 조조의 지적에 속마음을 들킨 유비는 깜짝 놀라 젓가락을 떨어뜨렸다. 그때 마침 천둥이 치자 유비는 천둥소리에 무서워서 그랬다면서, 천둥소리 따위에 놀라고 겁을 내는 소인배로 비쳐져 결국 조조의 경계심을 누그러뜨리는 데 성공한다. 이후에 유비는 절체절명의 순간에 눈물을 흘려서 모면하는 눈물 신공도 종종 발휘한다. 찌질하게 볼 수도 있으나 그 역시 체면 따위는 대의를 위하여 아낌없이 버린 용감한 행동이기도 하다.

중국 역사에서 자신을 버려서 더 큰 일을 도모하고 이루어내는 용감함을 보여준 사례는 꽤 많다. '오월동주(吳越同舟)', '와신상담(臥薪嘗膽)'과 같은 사자성어의 지적소유권을 주장할 수 있는 춘추시대 월(越)나라의 구천(句踐)이 군주 중에서는 대표적인 예이다. 오나라 왕 합려(闔閭)와의 1차 전쟁에서 자신의 즉시전력으로 활용할 수도 있는 사형수들을 적군 앞에 내보내 스스로 자결하게 만들었다. 그런 그로테스크한 행위로 오나라 군대의 얼을 빼놓은 후 양동작전으로 승리를 거뒀다. 사형수이지만 자신의 가용자원인데도 버리면서 절대 열세의 전세를 역전시켰다. 그렇지만 섶 위에서 자면서 복수의 칼을 간 합려의 뒤를 이은 부차(夫差)에게 패하게 된다. 천하의 미녀 서시(西施)와 최고의 보물을 바치며 신하의 예를 지극정성으로 하면서 목숨을 부지한 구천은 결국 쓸개를 핥으며 기회를 노린 끝에 오나라를 멸망시켜 22년 동안의 오월 두 나라의 긴 싸움을 마무리하며 춘추시대의 마지막 패자(霸者)로 떠오른다. 1차전에서의 전투 자원인 사형수에 이어 미녀, 보화, 왕으로서의 특권까지도 버릴 줄 아는 용맹을 지닌 구천이었기에 가능한 일이었다.

사마천(司馬遷)은 억울하게 죄인으로 몰려서 거세당하는 궁형

(宮刑) 판결을 받았다. 당시 재판에서는 궁형을 내릴 경우 스스로 목숨을 끊을 수도 있다는 선택권을 주었고, 대부분의 경우 자결을 택했다고 한다. 그렇지만 사마천은 치욕을 감수하면서 궁형을 선택했고, 결국 《사기(史記)》를 완성했다. 사마천이 당시의 여느 남성들과 같이 자존심을 내세워 자결을 하였다면 그의 이름은 한 무제(漢武帝) 때 죽임을 당한 숱한 관료들 중의 하나로 단지 재판 기록에나 남았을 것이다.

유비의 촉나라는 인구와 경제력에서 위나라나 오나라에 절대 열세였지만, 이후 40년을 삼국의 한 축으로 존속했다. 구천은 오월동주의 최후 승자이자 춘추시대 여러 나라를 이끄는 패자가 되었다. 최고의 역사서 《사기》도, 역사가로서 사마천의 불후의 명성과 함께 모두 버리며 얻은 반전의 소산이다.

■

전쟁의 패자(敗者)가 시대의 패자(霸者) 되다

송 양공(宋襄公)은 기원전 600년대 중국 춘추시대 송나라의 군주였다. 송나라는 작은 나라였지만 송 양공은 춘추시대 국가들 모임의 의장 격인 패자 5명[18] 중의 하나로 꼽히기도 한다. 그는 '송양지인(宋襄之仁)'이란 고사(故事)로 유명하다.

송나라와 초(楚)나라가 홍수(泓水)라는 강을 사이에 두고 싸움을 벌일 때였다. 송나라가 이미 강변에 진을 치고 있었는데, 초나라 군사가 강을 건너오고 있었다. 초나라 군사가 반쯤 강을 건너왔을 때 한 장군이 공격을 하자고 건의를 했으나, 송 양공은 정정당당한 싸움이 아니라면서 물리쳤다. 강을 건너온 초나라 군사가 진을 치기 위하여 우왕좌왕할 때 치자고 했으나, 송 양공은 '군자는 남이 어려울 때 괴롭히지 않는다'라면서 물리쳤다. 진용을 갖춘 초나라 군사와 맞선 송나라는 크게 패하여 물러났다.

여기서 '송양지인'이란 말이 나왔다. 실질적으로 아무런 의미도 없는 어리석은 대의명분을 내세우거나 또는 불필요한 인정이나 동정을 베풀다가 오히려 심한 타격을 받는 것을 비유하는 말이다. 그래서 송 양공은 어리석음의 대명사로 불리기도 한다.

그런데 어떻게 그 작은 나라에 어리석음으로 기억되는 인물이 춘추시대 각국의 대표로 회맹을 이끄는 패자로서 이름이 거론되었을까. 패자라는 사람 중에 송 양공과 같이 작은 나라 출신은 없다. 모두 뭔가 번듯하게 토지의 광대함이나, 군사의 용맹스러움이나, 오랜 역사, 발전된 경제 등 내놓을 것이 확실한 국가들이었다. 송나라는 그런 것이 없었다.

작은 나라 송의 군주로서 송 양공 개인은 '사사로운 일보다 예를 중시하는 이상주의자'라는 평가를 받았다. 그는 말로만 예를 외치며, 이상을 부르짖은 사람이 아니었다. '송양지인'으로 어리석음의 대명사처럼 회자되는 홍수전투에서 송 양공의 행동을 긍정적으로 해석하면, 그는 절체절명의 전쟁터에서도 눈앞의 승리 기회에 연연하지 않고 예를 지킨 사람이었다.

《제나라는 어디로 사라졌을까》(장웨이, 이유진 옮김, 글항아리, 2011)에서는 홍수전투에서 송 양공의 행위를 이렇게 예찬한다. "생사존망의 긴급한 시점에서 의리를 지키고 전쟁의 규범을 따를 수 있었다는 것은 인성 가운데 가장 고귀한 측면을 구현한 것이라고 말하지 않을 수 없다." 이는 '강한 항심(恒心)'이 있어 가능하고, '결과만 따지고 수단은 따지지 않는' 보통의 인간들은 영원히 이해할 수 없을 것이라고 한다. 예에 대한 항심이 있었기 때문에 송나라라는 약소국의 송 양공이 바로 훨씬 강대한 국가의 군주들을 제치고 패자의 노릇을 할 수 있었던 것으로 본다. '예(禮)'는 당시에 누구도 거역할 수 없는 명분이었다. 군주 중에 그 '예'의 최고봉이 나섰으면 어느 누구도 군사력과 경제력과 같은 물질적인 것만 믿고 함부로 내칠 수가 없다.

송 양공에게는 '예'가 바로 그의 브랜드였던 것이다. 그 브랜드로 그는 송나라의 당시 형편을 생각했을 때 감히 바랄 수도 없는 패자의 자리에 올랐다. 송양지인의 배경이 된 홍수전투에서 송나라와 초나라의 군사력 등 여러 형편을 고려했을 때 아무리 준비되지 않은 초나라 군사를 송나라 군대로 친다고 하더라도 결국 최후의 승리는 초나라에 갈 수밖에 없었다. 초반전에서 약간의 승리를 위하여 자신이 평생 쌓아온 '예의 송 양공'이라는 브랜드

를 망가뜨리는 것은 악수 중의 악수요, 근시안적이다. 송양지인
이란 눈앞의 전투에서 지면서 역사에서의 승리라는 반전을 이룬
사례로 기억되어야 한다.

◢ 용기와 절박함이 반전을 이루다

'한국 광고에 출연한 모델 중 최고의 스펙 보유자.'

어느 온라인 커뮤니티에 이런 캡션과 함께 광고 사진 하나가
실렸다. 스펙에 확실하게 정해진 서열이 없지만 이 광고를 보면
무엇을 두고 '최고의 스펙'을 얘기한 것인지 분명하다. '노벨상 수
상을 축하합니다'라는 헤드카피와 함께 그 주인공인 배리 마셜
(Barry Marshall) 박사의 사진이 실려 있다. 헬리코박터란 낯선 의학
용어를 사람들에게 각인시킨 위 기능성 발효유 헬리코박터 프로
젝트 윌의 광고 모델로 낯익은 인물이다.

한국야쿠르트는 2000년 9월 위궤양 등을 일으키는 헬리코박
터 파일로리(HP)균의 활동을 억제한다는 기능성 발효유 '윌'을 시
판하기 시작했다. 그리고 2001년 5월부터 헬리코박터 파일로리
균이 위궤양을 일으킨다는 사실을 발견한 마셜 박사를 제품 광고
모델로 기용했다. 그가 2005년 10월 그해 노벨 생리의학상 수상
자로 발표되면서 위와 같은 축하 광고가 나온 것이다. 마침 배리

마셜 박사와의 모델 계약이 다음 해인 2006년 5월까지여서 광고가 가능했다. 저명한 과학자를 광고 모델로 기용하여 증언식 광고를 만들고, 운이 좋게도 그가 노벨상을 받는다는 해피엔딩의 스토리인데, 실상 주인공인 배리 마셜 박사의 생애에는 큰 반전이 있었다.

오스트레일리아 서쪽 퍼스(Perth) 출신의 병리학자인 배리 마셜은 1981년 위궤양의 원인이 나선형 박테리아라는 주장을 내놓았다. 박테리아는 산성 환경인 위장에서 살 수 없다는 것이 대대로 내려오는 정설이었기에 이 주장은 받아들여지지 않았다. 제대로 검증되는 과정도 없이 의학계의 조롱만 샀다. 국제의학계에서도 변방 취급을 받는 오스트레일리아, 거기서도 중심부에서 벗어난 퍼스 출신이라는 것이 분명 영향을 미쳤다. 1984년 마셜 박사는 그런 의학계의 반응을 뒤집는 행동을 했다. 나선형 박테리아가 있는 배양 접시를 들고 내용물을 마셔버린 것이다. 3일 만에 위궤양 증세가 나타났다. 설령 나타난다고 해도 몇 년 후에나 나타날 것으로 예상했는데 완전히 반전을 일으켰다. 그래서 국제적으로 인정받기 시작하고, 프로젝트 윌의 광고 모델로도 기용된 것이다. 무명 병리학자라는 굴레를 벗어나기는 했지만 그가 노벨상을 받기까지 20년 이상을 더 기다려야 했다는 것도 반전이라면 반전이다.

배리 마셜 박사처럼 어찌 보면 돌발적인 행동으로 반전을 일으킨 이들이 있다. 대표적으로 천연 재료만을 써서 인체에 완전 무해하다는 것을 내세웠던 주방 세제 브랜드가 있었다. 그 브랜드의 반전은 홈쇼핑에서 이루어졌다. 기업의 대표가 직접 출연하여 제품 설명을 했다. 천연 재료를 써서 닦은 주방용품에 성분이 남아 있어도 아무런 해가 없고, 설거지하는 사람의 손도 괜찮다면서, 심지어 그대로 마셔도 아무렇지 않다고 강조했다. 그러고는 계획된 것인지 알 수 없지만, "제가 직접 마셔보겠습니다"라고 하면서 실제 뚜껑에 부어서 마셨다는 것이다. 세제를 마시는 장면이 화제가 되면서 천연 재료에 걸맞게 꽤 높은 가격에도 불구하고, 서울의 강남 지역부터 매출이 불같이 일어났다고 한다. 부작용이라면 그 사장님은 이후 홈쇼핑마다 출연해 그 세제를 들이켜는 장면을 되풀이해야 했다는 것이었다. 홈쇼핑에서의 세제 원샷 장면을 직접 확인하려 애썼지만 끝내 찾지 못했다. 그러나 아무도 생각하거나 감히 시도할 수 없는 행동으로 반전을 일으킬 수 있는 인물이라는 것은 안다. 어떤 반전에는 만용에 가까운 용기와 절박함이 필요하다. 모두 반석 같은 믿음과 그를 알리고 믿게 하겠다는 의지가 있어야 가능하다.

체념의 변증법적 마술

"우리는 대체 지구의 어디쯤에 착륙했는지도 전혀 알 수 없었습니다."[19]

1931년 '동양'으로 가는 항로를 찾아 나섰다가 당시는 일본 땅이었던 쿠릴열도의 갈대숲에 남편과 함께 불시착한 앤 머로 린드버그(Anne Morrow Lindbergh)는 1935년에 나온 에세이집에서 당시를 이렇게 회상했다. 이름과 정황에서 알 수 있듯이 대서양 단독 비행 횡단에 성공한 최초의 조종사 찰스 린드버그(Charles Lindbergh)의 부인이다. 곧 그들은 구조되었고, 신원이 밝혀지면서 일본 전역이 그들을 환영하며 들썩였다. 그 에세이집에서 잊을 수 없는 대목을 일본의 저명한 번역가이자 에세이스트 스가 아쓰코(須賀敦子)는 이렇게 옮겼다.

사요나라, 하고 이 나라 사람들이 헤어질 때 입에 올리는 말은 원래 '그렇게 하지 않으면 안 된다면'이라는 의미라고 그때 나는 배웠다. '그렇게 하지 않으면 안 된다면.' 얼마나 아름다운 체념의 표현인가.[20]

일상적으로는 별로 쓰지 않는, '이별' 정도로 표현할 수 있는 상황에 쓰는 일본의 인사말이 '사요나라'라고 배우기는 했다. 원래의 의미와 유래는 알지 못했다. 직역을 하면 '그래야만 한다면', 곧 '떠나야만 한다면'으로 이어질 수 있다. 떠나지 말라고 사정을 하지도 않고, 후일의 만남을 기약하거나 구하지도 않고, 떠나는 이의 행운을 빌어주지도 않는다. 서구의 표현들과는 궤를 달리한다. 앤 린드버그도 이런 대비에 주목하여 썼다.

서양의 전통에서는 많든 적든 신이 이별 주위에 있으며 사람들을 지키고 있다. 영어 굿바이(goodbye)는 '신이 그대와 함께하기를'일 것이고, 프랑스어 아듀(adieu)도 '신 아래에서의 재회'를 기약한다.[21]

영어에서 흔히 쓰는 'farewell'의 'fare'는 'go'나 'travel'의 시어(詩語)라고 한다. 'so long'도 여러 가지 설이 있으나 보통 '헤어져 있는 긴 시간 동안(so long as we are apart)', '다시 만날 때까지 긴 시간 동안(so long till we meet again)'에서 뒷부분이 생략된 표현이라고 본다. 다시 만나는 기약과 희망이 깃들어 있다. 그런데 한국에서는 체념 이상의 정서를 담아낸다. 대표적인 것이 바로 너무나 유명한 김소월의 시 〈진달래꽃〉이다.

말없이 고이 보내 드리우리다.

그렇게 얘기하지도 않았겠지만, 본인이 보기 싫어 떠난다면 요즘 말로 쿨하게 보내드린다고 한다. 아니, 그 이상으로 가시는 길에 꽃잎까지 뿌려놓을 테니, 사뿐히 즈려밟고 가시라며 로맨틱한 모습까지 보인다. 혹시나 의심을 살까, 아니면 자신의 마음이 약해질까, 아니면 혹시나 상대방이 자신의 굳은 마음을 의심하지 않을까 더욱 강하게 말한다.

죽어도 아니 눈물 흘리우리다.

이 마지막 행에서, 시인은 이별의 눈물로 어떤 강도 마르지 않게 하고, 꽃잎처럼 가는 길에 자신을 던지겠다는 의지를 보인다. 절대 체념이 서구 기반 신의 도움 없이, 시인의 의지만으로 강력한 저항의 말과 몸짓이 되는 변증법적 마술을, 반전을 보여준다.

어떤 반전에는 만용에 가까운 용기와 절박함이 필요하다. 모두 반석 같은
믿음과 그를 알리고 믿게 하겠다는 의지가 있어야 가능하다.

Admit

수긍

믿음을 갖고 인정하라

04 [首肯]

극도의 제한이 극도의 가치를 발한다

몇 년 전부터 안구건조증이 심해졌다. 안과 의사가 인공눈물을 1시간에 한 번씩, 컴퓨터 작업을 할 때는 30분에 한 번씩 넣는 방법 외에는 치유 방법이 없다고 했다. 그러면서 2주 정도 쓸 수 있는 인공눈물 처방전을 줬다. 모니터 화면을 보며 컴퓨터 작업을 하거나 인쇄된 자료를 읽는 시간이 깨어 있는 시간의 대부분을 차지하니 인공눈물의 사용량이 꽤 많았다. 양에 비해 가격이 비싸서 조금씩 사서 쓰다가 어느 친구를 통해 싸게 살 수 있는 통로를 알게 되었다. 그래서 100통을 사다놓고 쓰니 마음이 느긋해졌다. 이전에는 1회용이라고 되어 있는 것을 조심스럽게 눈에 떨어트려 두 차례에 걸쳐 나누어 썼다. 잔뜩 쌓아놓고 쓰기 시작하면서 인공눈물을 넣는데 자꾸 눈 밖으로 흐르는 경우가 잦았다. 여유분이 많다고 아무렇게나 인공눈물을 넣으려 하니 빗나가 버린 것이다.

일본의 러시아어 통번역자이자 수필가로 유명한 요네하라 마리(米原万里)가 1970년대 당시 소련과 일본의 사진작가가 공동 작업을 하는 데 통역을 도와주었다고 한다. 같은 지역의 피사체를 함께 찍는 식이었다. 나중에 보니 소련 작가들의 사진이 훨씬 좋은 평가를 받았다고 한다. 요네하라 마리는 소련의 작가들은 필름이 부족해서 아껴 쓰다 보니 사진 찍기 전에 구도를 잡고 어떻게 찍을 것인가 생각을 많이 해서 그런 것 같다고 추론했다.

레너드 코페트(Leonard Koppett)[22]라는 야구 기자 겸 작가는 야구 일을 하면서부터 통계의 중요성을 역설했다. 1966년에 나온 《야구란 무엇인가》 초판본에서는 "통계는 야구의 핏줄이다"라는 말까지 했다. 그런데 통계 데이터가 너무 많아진 1991년, 이 책의 개정판에서는 "데이터가 많다고 해서 반드시 전달되는 정보가 많은 것은 아니며, 정보가 많다고 해서 이용자들의 야구에 대한 이해도가 반드시 증진하는 것도 아니다"라며 통계에 대한 우려를 표현했다.

2007년 제일기획 사보에 '정보의 양과 통찰력의 관계'란 졸문을 쓴 적이 있다. 거기서 다음과 같은 말을 했다. 그때는 이미 온라인 시대로 1991년보다 실시간으로 엄청난 데이터를 축적하는 것이 가능했지만, 빅데이터라는 말조차 거의 쓰이지 않을 때였다.

손톱만큼밖에 되지 않는 어떤 사실을 보고도 우리는 브랜드의 전체 세계를 파악할 수도 있고, 몇 기가(giga)의 정보 파일을 쌓아놓고도 그 브랜드에 관해서 아무것도 모를 수도 있다. 그냥 정보라는 것만 쌓아놓고 그 쌓인 것을 보고 흐뭇해하며 할 일을 다 했다고 생각하는 것은 아닐까? 정보량의 증가와 인간의 통찰력이 반비례한다는 데 또 하나의 사례를 더하고 있는 것은 아닐까?

다큐 감독 마이클 무어(Michael Moore)가 10분 분량의 필름만 가지고 멋진 작품을 만든 그의 촬영팀을 두고 이런 말을 했다.

"그들은 10분 제한을 장애가 아닌 혜택이라고 보았다."[23]

TV CF를 두고 '15초의 미학'이라는 표현을 쓴다. 광고계 인사로서 그 15초가 너무 짧다고 불평하는 이들을 만나본 적이 없다. 예전부터 그래 왔기에 으레 15초라고 받아들인 경우가 많았던 것 같다. 한편으로 15초라는 제한을 마이클 무어의 촬영팀처럼 광고계 용어로 '끌로 팔 수 있는'(목공 도구 끌로 파듯이 '더 깊이 들어간다'는 의미) 기회이자 장치로 본 이들도 많았다고 생각한다. 시간이 짧아서 더욱 극적으로 나타난 반전 효과의 출발은 그조차도 혜택으로 보는 긍정적인 시각이었다.

약점을 드러내면 강점이 된다

1970년대 초 미국 어느 마을의 이야기다. 동네의 모든 집들이 컬러TV를 장만했지만, 컬러TV 사기를 거부하는 아버지가 있었다. 가족들의 성화에도 불구하고 흑백TV로도 프로그램들을 충분히 즐길 수 있다고 주장했다. 동네 사람들 보기 창피하다는 어머니의 불평에도 아랑곳하지 않고, 흑백TV로 보면 눈이 훨씬 덜 피곤하다고 했다. 가족들이 사정했지만 통하기는커녕 아버지는 더욱 완강해졌다. 동네에 흑백TV는 하나밖에 없는 것이니 차라리 귀하다며 자부심을 가지라는 말까지 할 정도였다. 초등학생 막내가 아버지 말씀이 맞는 것 같다고 하자, 아버지의 얼굴이 환해졌다. 자신의 논리가 먹히고 응원군이 생겨 기뻤다. 막내는 이런 좋은 걸 친구들과 함께하고 싶다고 말했다. 무슨 얘기인지 아버지가 의아해하는데, 막내가 백지에 커다란 글씨로 알림 문구를 써 와서 집 앞에 붙이겠다며 허락을 구했다.

"눈이 피곤해지지 않는, 동네에 하나뿐인 흑백TV를 함께 볼 친구를 구합니다."

아버지는 본인이 한 말을 그대로 옮겼으니 내용을 가지고 뭐라 할 수 없었다. 그런 좋은 것을 친구들과 나누겠다고 하는데 말리면 자기가 한 말을 부정하는 셈이었다. 결국 그 아버지는 눈에는 피곤하지만 동네 사람들과 함께해야 할 필요가 있다면서 컬러 TV를 주문했다.

무언가 문제가 있는 주장을 펴는 이에게 잘못된 점들을 지적하면 방어 논리를 펴다가 나중에는 논리는 상관하지 않고 오직 말싸움에서 지지 않으려고 우기는 경우를 자주 본다. 그럴 때는 상대의 주장을 온전히 받아들인 후에, 그보다 더 나아가 반전을 꾀하는 것이 효과를 발휘할 수 있다. 그런 것이 대중들에게 먹힐 수도 있다.

여행 예산이 부족하기 마련인 젊은이들을 대상으로 한 호텔이 있다. 이런 곳들은 광고를 할 때 싼 가격만을 외치기 마련이다. 그런데 가격보다 다른 감추어야 할 것들을 버젓이 드러내는 호텔이 있었다. 광고 포스터에는 호텔로서 당연히 갖추어야 할 청결 상태도 엉망으로 담배꽁초가 카펫 바닥에 그대로 버려진 모습이었다. 때가 덕지덕지 묻은 세면대도 귀퉁이가 떨어져 나가고 수건도 보이지 않았다. 싼 가격 뒤에 감추고 싶은 이런 실상들을 그대로 내비쳐 배낭여행을 하는 젊은이들의 성지처럼 떠오른 네덜란드 암스테르담의 한스브링커(Hans Brinker) 호텔의 캠페인은 광고계에는 식상할 정도로 잘 알려져 있다.

이제 전설이 된 한스브링커 호텔의 자학적인 일련의 광고물들이 나오기까지 광고주인 호텔 측과 광고 제작사 간의 회의에서는 어떤 말이 오갔을까? 젊은 여행객들이 주로 보는 잡지 위주로 집행했지만, 어쨌든 가격을 가지고 싸운 경쟁자들이 있었고, 그런 출혈 경쟁은 피하고 싶었을 것이다. 그러면서도 호텔 측은 낙후된 면면들을 개선하려는 생각을 가지고 있지 않았던 것 같다. '싸구려 유스호스텔 같은 데서 뭘 바라나?' 따위의 말들을 했을 수 있다. 제작사는 있는 것들은 그대로 두고 시각을 바꾸면 되지 않을까 하는 관점에서 접근하지 않았을까.

한스브링커 호텔은 젊은 배낭여행자들의 속성을 단순한 잠자리의 관점을 떠나 여행이라는 더 큰 시각에서 보았다. 편하고 깨끗한 데서 자려고 배낭 하나 둘러메고 여행을 떠난 건 아니지 않은가. 뭔가 얘기치 못한 모험과 갈 데까지 가보는 시간을 갖기를 원한다. 그런 목표 고객들의 속성으로 호텔 측을 설득했을지도 모른다.

자신의 약점을 부인만 하면서 상대의 논리를 파고드는 싸움은 끝나지 않는다. 서로 언성만 높아질 뿐이다. 자신의 약점만 두드러지고 서로의 감정만 상하기 십상이다. 나의 약점을 인정하면 종종 그 약점이 강점으로 바뀌는 반전이 생긴다. 그런 반전의 과실과 함께 정말 고쳐야 하는 약점들과 강점으로 만들 수 있는 약점을 나눌 수 있는 능력이 생긴다. 이 역시 긍정의 힘이다.

비워둘수록 더 많이 보인다

"좋은 화가는 무엇이 더 필요한가, 뭘 그려야 더 좋은 그림이 될까 하는 차원을 넘어서서 오히려 이 화폭에서 뭐가 없어져야 좋은 그림이 되는지를 생각하는 이런 여유와 멋을 압니다."[24]

한국 미술 평론가 고(故) 오주석의 말이다. 이런 '여유와 멋'이 동양화 전반에서는 여백으로 표현된다. 동양화에서 여백의 미를 보여주는 가장 인상적인 작품으로 중국 화가 리커란(李可染)의 〈목우도(牧牛圖)〉를 주로 거론한다. 여기서 작가는 여백의 미를 떠나, 여백으로 실체를 만들어내는 마술을 부리고 있다. 물 찬 개울을 소들이 콧구멍까지 물에 잠겨 어푸어푸하면서 건너는 정경을, 물을 굳이 그리지 않고도 너무나도 실감나게 표현했다. 엷게 칠한 소 잔등이 물 먹은 털과 같은 효과를 주고, 어느새 또 소잔등에 올라탄 인물의 시선을 따라 매화 가지로 눈이 옮겨진다. 실제로 그 인물의 눈은 보이지 않고 그가 어디를 보고 있는지도 명확하지 않다. 뒤에 따라오고 있는 소가 걱정되어 보는 것인지, 정말 개울가의 매화를 보는 것인지, 아니면 보이지 않는 언덕에서 누가 소리쳐 부르고 있는 것인지, 맘대로 상상하게 만든다. 그런 면에서 이 작품은 내가 생각하는 동양화의 미덕, 곧 '무위지위(無爲

之爲)'가 기가 막히게 잘 구현되었다.

'꼭 말하지 않아도', 소비자가 알아서 이해하고 공감하는 그런 광고들이 있다. 강의를 할 때 자주 받는 질문들 중의 대표적인 것들이 '어떤 브랜드가 좋은 브랜드냐?', '어떤 광고가 좋은 광고이냐?' 하는 브랜드와 광고의 점수를 매기는 문제들이다. 질문도 두루뭉술하고, 시간도 많지 않아 역시 두루뭉술하게 대답하곤 했다. "아주 단순하게 얘기하면 말이 적은, 카피가 간결한 광고가 보통 좋은 광고이고, 그런 광고를 하는 브랜드들이 좋은 브랜드입니다." 브랜드가 확실히 서 있으면 자신감이 뒷받침되고 긴 말이 필요 없다. 뭔가 빠진 것이 없나 조바심을 내다 보면 쓸데없는 말이 많아지고 정말 허접스러워진다. 그리고 없을수록 자꾸 알아달라고 꾸미다 보면 허튼소리를 하게 되고, 그 때문에 또 약점이 잡히는 악순환이 반복된다.

물리학 관련 서적으로는 최고의 판매 부수를 기록한 《시간의 역사》의 서문에서 저자인 스티븐 호킹 박사는 동료 학자가 물리학 공식이 들어가면 공식 하나마다 독자들이 반으로 줄어들 것이라고 해서 공식을 쓰지 않으려 애를 썼다고 한다. 그런데 결국 그 유명한 'E=mc²'만은 쓰지 않을 수 없었다는 것이다. 이후에 나온 《호두 껍질 속의 우주》에서는 "복잡한 수학 공식 없이도 폭넓은 개념을 전달할 수 있다고 믿는다"고 확실한 자신감을 피력했다. 공식을 알아야 하지만, 거기서 한 걸음 더 나아가면 공식을 공식이 아니게 풀어낼 수 있어야 한다. 물을 그리지 않아도 감상자들이 알아서 물 냄새까지 맡게 만드는 그런 그림이 좋은 그림이다. 광고도 마찬가지다. 지난한 과제이기는 하다.

리커란의 〈목우도〉를 처음 만난 전시회에서 감동을 주체하지 못해 족자를 산 것에 덧붙여, 화가에 대해 자세히 알고 싶어서 리커란의 제자가 쓴 그의 평전과 같은 형식의 《20세기 중국 회화의 거장 리커란》(완칭리 지음, 문정희 옮김, 시공사, 2003)이란 책을 바로 그 전시장을 나오며 사서 읽었다.

리커란이 산수화에서 나타내고자 한 것은 '의경(意景)'이었다. 의경이란 문자 그대로 '뜻이나 정(情)을 나타내는 의(意)'와 '실제로 보이는 경치(景)'가 어우러진 것을 말한다. 그러한 정과 경의 융합은 '객관적인 사물의 정수(精髓)를 집결'한 후, '인간의 사상과 감정을 빚고 녹여 고도의 예술적인 가공을 거쳐'야 한다. 이를 다른 말로 그는 "중국화는 본 것을 표현할 뿐만 아니라, 앎(知)과 생각(想)을 표현"해야 한다고 했다. 이렇게 의경을 표현하기 위한 수단 혹은 단계로 그는 3가지를 들었다. 가장 핵심적인 부분을 뽑아내어 선택하는 '선재(選材)', 나쁜 것은 생략하고 좋은 것만 남기는 '전재(剪裁)', 전력을 다하여 주제를 강조하는 '과장(誇張)'이 바로 그것이다. 전재는 미니멀리즘(minimalism)과 통한다. 그 바탕에는 아무것도 없는 여백도 충분한 의미를 담아 전달할 수 있다는 믿음이 있었다.

세계에서 가장 키 큰 난쟁이 효과

　어니스트 헤밍웨이는 잘 알려진 것처럼 스페인 내전 당시 상당 기간을 마드리드에 머물렀다. 그때 들었던 얘기와 경험을 가지고 《누구를 위하여 종은 울리나》를 썼다. 마드리드 시절에 유명한 작가이자 기자였던 마사 겔혼(Martha Gellhorn)을 만나 함께 중일전쟁이 한창이던 중국에 가서 절대권력자이던 장제스(蔣介石)와 쑹메이링(宋美齡) 부부를 만나기도 했다. 유명인이 들른 여느 식당에서 사진이나 서명을 걸어놓고 그 사실을 알리듯이 마드리드에서 그가 단골로 들렀던 식당도 그런가 보다. 대표 단골이었던 식당 보틴(Botin)은 그의 작품 《태양은 다시 떠오른다》에 자세히 묘사되어 나온다고 한다. 〈뉴욕타임스〉에 실린 문학 순례기를 옮긴 책 《작가님, 어디 살아요?》(일레인 사이올리노 외, 오현아 옮김, 마음산책, 2018)에 그 얘기가 나온다.

　제이크와 브렛은 식당에 들어가-헤밍웨이 자신이 자주 그랬듯이-특식인 새끼 돼지 구이를 먹으며 리오하 알타(Riojota Alta) 몇 병을 마셨다. 보틴은 이것을 홍보 수단으로 사용하지 않을 만큼의 세련됨을 보이지는 못한다. 앞 유리에 헤밍웨이 사진과 식당을 언급한 《태양은 다시 떠오른다》의 문구가 입혀져 있으니 말이다.

'제이크'와 '브렛'은 《태양은 다시 떠오른다》의 주인공들이다. 헤밍웨이를 주인공으로 순례기를 쓴 필자가 그렇게 유명인이 왔다 갔다는 사실을 홍보 수단으로 삼는 걸 세련되지 않다고 평가했다. 그에게 맞춰 세련되게 보이려 했는지는 모르겠지만 반전을 꾀하며 홍보하던 식당이 바로 보틴 근처에 있었다. 《작가님, 어디 살아요?》에 다음과 같은 내용이 이어진다.

> 얼마 전까지만 해도 근처 식당의 한 주인은 보틴과 차별화할 목적이었는지 입구 위에 커다란 표지판을 걸어놓았다.
> '헤밍웨이는 우리 식당에서 한 번도 먹지 않았습니다.'

이전에 서울에서도 비슷하게 차별화하려던 집을 본 적이 있다. '방송 한 번도 방영 안 된 집'이라고 나름 라임도 맞춰서 광고를 했다. 사람들 말을 들으니 그런 집들이 꽤 있었다고 한다. 요즘은 그런 집들을 찾기가 힘들다. 위의 보틴 식당 근처에 있던 집을 얘기하면서도 '얼마 전까지만 해도'[25]라는 표현이 있는 것으로 봐서 차별화 효과가 별로 없었나 보다.

너무나 당연한 얘기지만 사람들과 시대에 의미가 있는 것으로 차별화를 해야 한다. 대부분의 식당들이 방송에 노출되길 원하고, 그것을 알리려 노력하는 가운데 방송을 타지 않았다는 것을 알리는 것 자체는 매우 독특한 행위임에 틀림없다. 일종의 반전을 꾀한 것이다. 헤밍웨이가 오지 않았다는 것을 강조하는 식당도 마찬가지다. 그런데 둘 다 일시적으로 관심을 끌고 화젯거리가 될 수는 있으나 그 효력이 오래갈 수 없다. 잠깐 보면서 배짱이나 줏대가 있다거나, 아니면 픽 웃고 지나갈 뿐이다. 방송에 나가거나 헤밍웨이가 들렀던 곳을 확인하고 같은 방식으로 해볼까 하는 것은 요즘 시대의 근본적 욕구로 자리 잡은 지 오래다. 차별화는 그런 욕구와 닿는 선에서 찾아야 한다. '가장 키 큰 난쟁이' 유의 표현과 마찬가지다.

'가장 키 큰 난쟁이'란 어느 부분에서 가장 뛰어난데, 그게 별 특별한 의미가 없는 경우를 말한다.

위는 《어번 딕셔너리(Urban Dictionary)》에 나온 뜻풀이고, 중학교 때 즐겨 본 〈월간 영어〉란 잡지에서는 이런 내용의 농담도 실렸던 기억이 있다.

엄마 : 존, 너는 도대체 뭐가 되려고 공부를 안 하니?
존 : 저는 난쟁이로 서커스단에서 일할 거예요.
엄마 : 넌 난쟁이가 되기에는 너무 크잖아.
존 : 그게 바로 제가 노리는 거예요. '세계에서 제일 큰 난쟁이' 가 되는 거죠.

내가 아주 좋아하는 스포츠 기자 프랭크 디포드(Frank Deford)의 걸작선[26]도 이 표현을 제목에 달고 나왔다. 디포드 특유의 겸손이 섞이면서 톡 쏘는 기사들을 모은 책이다. 스스로 낮추면서 스포츠 기사를 문학작품의 반열에까지 올린 반전의 결과물이다. 차별화란 미명하에, 혹은 남이 자기를 알아주지 못한다고 소리치지 말라. 인정할 건 인정하면서 반전의 불씨를 살펴야 한다.

■

엮일 수 없는 단어의 양립

사람들마다 취향이 달라 광고에는 정답이 없다. 특히 기업이나 광고의 슬로건을 두고는 의견 통일이 잘되지 않는다. 그중에서도 국가 슬로건은 워낙 다양하고 거대한 규모의 사회를 짧은 몇 마디나 단어로 정리하려니 고난도의 작업이고, 평가도 더더욱 제각기 갈리기 마련이다. 그래도 말 많은 광고인들이 잘 만든 국가 슬로건으로 대체로 후하게 평하는 것이 있다. 이미 40년 가까운 역사를 지닌 인도의 '인크레더블 인디아(Incredible India)'이다. '인크레더블(incredible)'이란 단어는 긍정과 부정의 양쪽 의미로 쓰일 수 있다.[27] 보통 긍정의 경우가 많지만 인도라는 국가와 엮이니 상식에 너무나 벗어난, 무라카미 하루키 식으로 표현하자면 '압도적인 비상식(혹은 몰상식)'에 맞닥뜨려 '인크레더블!'을 외치게 만든다.

예전에 인도 뉴델리 법인이 창립 기념행사의 일환으로 마련한, 현지의 광고주와 그곳 직원들을 대상으로 한 세미나에 강연을 하러 갔다. 당시 내가 다니던 회사의 사장으로 재직하시던 분도 오시고, 인도 주재 한국 대사까지 초청하여 기념식이 제법 크게 열릴 계획이었다. 그런데 한국 대사의 도착이 계속 지연되었다. 가는 중이라는 연락만 오고, 5분 안에 도착한다는 소식만 30분을 두고 전해 왔다. 안절부절못하는 직원들을 보고 당시 사장님이 인자한 미소를 지으면서 '인도니까(It's India!)', 그러려니 생각하고 조급해하지 말라고 말씀하셨다. 그렇게라도 말씀을 해주시니 사람들이 좀 여유를 찾을 수 있었다. 사장님의 '인도니까'라는 말은 기념식 이후에 음식 주문을 받고 감감무소식인 식당에서, 교통체증으로 꽉 막힌 길거리에서도 몇 차례 되풀이되었다.

다음 날 오후에 사장님께서 가시기로 한 곳이 바로 힌두교의 성지로 유명한 바라나시였다. 원래 독서를 좋아하시고, 연세가 드시며 종교적인 말씀도 즐겨 하시니, 바라나시는 여러 가지를 생각할 수 있는 방문지로서 훌륭한 선택이었다. 그런데 아뿔싸 공항에서 아무런 사전 예고와 고지 없이 바라나시로 가는 비행기가 취소되어 버렸다. VIP 라운지도 제대로 갖추어지지 않고, 왁자지껄하며 냄새 나는 공항 대합실에서 기약 없이 기다리게 된 사장님은 결국 화가 폭발해버렸다. "이놈의 나라에서 빨리 벗어나자!" 그러고는 바로 일본 도쿄로 가버리셨다. 남은 사람들은 사장님의 인내심까지 바닥을 드러내게 할 정도로 역시 인도는 대단하다며 '인크레더블 인디아'를 외쳤다.

갠지스강에서 목욕재계를 하고 시체를 화장하여 떠나보내는 것으로 유명한 바라나시는 또 다른 어두운 명성을 가지고 있다. 노예 노동과 다를 바 없는 아동 노동 착취의 수도라고 불리기도 한다. 14세 이하의 어린이 20만 명 이상이 유괴당하거나 브로커들에게 팔려 와서 일주일 내내 하루 12시간 이상 한 달에 1만 원 정도의 돈을 받으면서 융단을 짜고 사리에 자수를 놓는다고 한다. 가장 어린 5세 아이도 노동을 하고 있다고 한다. 어떤 아이는 방적기에 쇠사슬로 묶여 있기도 하고, 남자아이들은 누에고치를 가열하는 위험한 일을 하느라 온몸이 화상투성이고, 여자아이들은 어두운 불빛 아래 몇 시간씩 수를 놓느라 하나같이 시력이 망가졌다고 한다.

어느 곳이나 고정된 모습이나 명성 뒤에 이면의 얼굴이 있기 마련이다. 삶이 죽음과 너무나 가깝게 느껴지는 힌두교이고, 그것을 상징하는 도시가 바라나시다. 그 바라나시가 어린이 노예 노동의 수도라는 사실은 엮이는 것 같으면서도 이율배반적이다. 그런데 인도라는 나라 전체가 그렇다. 영화 〈슬럼독 밀리어네어(Slumdog Millionaire)〉[28]는 제목 자체부터 도시 빈민가의 개처럼 사는 '슬럼독'과 백만장자를 뜻하는 '밀리어네어'로 함께 묶일 수 없는 단어들이 양립하며 반전을 예고하고 있다. 그렇게 기대한 반전이 기대를 배신하지 않고 긍정이든 부정이든 '인크레더블'을 인정하고 외치게 만든다. 부끄러운 부분을 너무나 신경 쓰면서 감추려고 애를 쓰기보다는 앞서 본 약점을 강점으로 만드는 것처럼 솔직하게 드러낼 때 어쩌면 긍정적인 반전이 일어난다.

■

극적 반전의 접속사, '그러나', '하지만'

엘리자베스 1세는 스페인의 무적함대를 격파하며 대영제국의 기초를 닦았다는 평을 듣는다. 그 엘리자베스 1세가 했던 일생일대의 연설 두 건이 있다. 첫 번째는 초강대국 스페인과의 일전이 불가피한 상황으로 흐를 때 결집한 영국 군대를 향한 연설이었다. 대부분의 군인들은 총사령관이나 다름없는 왕이 여성이라 전쟁을 치를 수 있을까 하는 우려를 하고 있었다.

"내가 힘없고 연약한 여자의 몸이라는 것을 안다. 그러나 나는 왕의 심장을 가졌으며 영국의 왕위도 가졌다."

이 대목을 들은 군인들의 환호가 아주 길고 우렁차게 이어져서 여왕이 계속 연설할 수 있도록 장교들이 말을 타고 병사들 사이를 다니면서 진정시키려 애를 썼다는 얘기가 전해진다. 이어 13년 후에 엘리자베스 1세는 자신을 불신하는 태도를 스스럼없이 내비치는 의회 의원들을 향해 연설을 하게 되었다. 어느 역사 학자의 말에 따르면 이 연설 후에 많은 의원들이 마음을 바꿔 눈물을 흘리며 의회를 떠났다고 한다. 여왕은 이런 말로 연설을 마무리했다.

"그대들이 지금껏 모셔온, 앞으로 모실 나보다 더 위대하고 현명한 왕자들이 많을 것이다. 하지만 그중에 나보다 더 그대들을 사랑하는 이는 없을 것이다."

엘리자베스 1세의 연설에는 공통점이 있다. 역접 접속사로 반전을 이끌어냈다. 역접 이전에는 청중들이 갖고 있는 생각을 인정했다. 힘없고 연약한 여자라고 했고, 이전에 모신 이들과 비교하여 자신을 낮춰보는 게 타당할 수 있다고 했다. 듣는 이가 가지고 있는 생각에 처음부터 정면으로 부딪혀서는 방어 태세만 더욱 강해지고, 소모적인 논쟁으로 끌려가기 십상이다. 부정적인 면이 있어도 그것을 인정한 연후에 반전을 꾀해야만 성공 확률이 높다. 상대방에게 미안한 감정도 불러일으키고, 본인의 솔직함도 어필할 수 있다. 그런 반전 접근법의 효과를 법정, 정치, 마케팅 3가지 방면에서 이렇게 정리할 수 있다.

- 법정에서 상대방 변호사가 지적하기 전에 자기 쪽 문제점을 먼저 시인하는 변호사가 재판부에 더 정직하게 보이며 더 많이 이긴다.

- 정치판의 선거에서 상대방을 긍정하는 말로 유세를 시작하는 후보자가 더 높은 신뢰와 표심을 얻는다.
- 광고에서 강점을 강조하기 전에 약점을 인정하는 업체들이 종종 판매가 크게 증가한다.

이런 문법에 충실했던 전설의 광고가 바로 1968년에 처음 모습을 드러냈던 렌터카 애비스(AVIS)의 '우리는 2등입니다. 그래서 더 열심히 합니다(We're only No.2 in a Rentcar. So we try harder)' 캠페인이다. 이 광고로 허츠(Hertz)라는 절대강자 밑에서 고만고만한 경쟁자들과 다투던 애비스는 확고부동한 2위로 올라섰다. 인정할 건 인정하며, 먼저 치고 나간, 긍정과 선점의 법칙이 작용했다.

이 광고의 잘 알려지지 않은 뒷얘기가 있다. 허츠는 '그래, 우리는 넘버원이야. 그래서 2위가 할 수 없는 더욱 훌륭한 서비스를 제공할 수 있어' 하는 도발적인 자세로 엄청난 물량 공세를 퍼부었다. 그 물량 공세에 애비스 광고의 신선함이 매몰되다시피 했다. 예술적 측면에서 광고를 사랑하는 사람으로서는 안타까운 일이었지만, 실질적으로 더 큰 성공을 거둔 것은 허츠라는 것이 이 광고 이면의 또 하나의 반전이다.

■
반전의 영어 표현들

　운이 좋았던 것인지 나빴던 것인지 모르겠지만, 외국 친구들과 함께 놀고 일할 기회가 많았다. 그들에게 내가 했던 표현들 중 기억에 남는 것들은 대개 반전의 요소를 담고 있다. 그 몇 가지를 뽑아봤다.

　　　　"조용히 소음을 만들어내야 해.(We have to make a noise very silently.)"

　1999년에 제품들마다 제각기 특별한 기준도 없이 '하위 브랜드(sub-brand)'라는 명목으로 거의 마구잡이식으로 브랜드를 붙였는데 소위 '대표 브랜드(master brand only)' 정책을 발표하면서 오로지 기업명에 제품 모델명과 번호만 붙이는 것으로 통일한 적이 있다. 기업 브랜드의 힘을 키우는 것이 급선무였기 때문이다. 그리고 2년이 흘러서 기업 브랜드가 일정 수준 이상으로 올라왔고, 특히 그들이 역점을 둔 부문에서 리더십을 굳히는 데 하위 브랜드가 큰 역할을 할 수 있을 것이란 판단하에 하위 브랜드 도입을 추진하면서 했던 말이다. 정책의 변화에 대한 사람들의 무조건적인 저항을 예상하고 조용히 여론을 조성하려고 했다. 그리고 하위 브랜드를 만들려면 어떠한 기준과 단계를 따르고, 갖추어야 할 요소들이 무엇인지도 함께 규정했다. 위와 같은 표현을 썼을 때 함께 일을 도모하던 미국 친구가 "저 말 멋진데!(What a way of talking!)"라고 감탄하며 자기 노트에 적어놓기도 했다.

"왜 미국인들은 서부로 갔나?(Why did Americans go west?)"[29]

어느 한국 기업의 브랜드 전략을 외국 기업 친구들과 함께 세웠다. 그 친구들 중의 하나가 한국 역사를 집중적으로 공부하며 계속 질문을 해대곤 했다. 광개토대왕에 대해서 특히 흥미를 가졌는데, "왜 광개토대왕은 그렇게 영토를 넓히려 애를 썼냐?"고 질문했다. 어떻게 대답을 해주어야 하나 막막하던 차에 나온 말이었다. 미국인들도 동부 지역만으로도 충분히 사는데 서부로 가지 않았던가. 마침 옆에 함께 있던 한국 친구 하나가 "대답 끝내주네!(Excellent answer!)"라고 박수를 쳤고, 나에게 그 질문을 했던 미국 친구는 잠시 생각에 잠겨 자기 나라의 역사를 반추하는 듯하더니 고개를 끄덕였다.

"패배자들은 항상 조급하다.(Losers are always in a hurry.)"

체코에 소재한 가전회사의 CEO 친구에게 했던 표현이다. 장충동 족발집에서 2명의 여성과 함께 홍콩에서 발간되는 잡지에 실린 내 인터뷰 중 한국의 소위 '골드미스(gold miss)'라고 불리는 구매력 크고 소비 성향이 강한 20대 후반에서 30대 여성과 남성 소비자의 차이를 소재로 한참 얘기를 나누었다. 소비자를 넘어서 남성과 여성의 차이로 이야기가 넘어가더니, 50대 후반쯤으로 보이는 벨기에 출신의 CEO가 소주 기운이 오른 영향도 있어서인지 모르겠지만 '남성'으로서 신세 한탄과 함께 2명의 여성들에게, "그래, 남자들은 패배자(loser)야! 너희 여성들이 항상 승자(winner)야!"라고 선언인지 결론인지 고백인지 애매한 발언을 했다.

이후 우리는 그 CEO 친구가 얘기할 때마다 "그래, 당신은 패배자야"라는 말로 장단을 맞추며 가볍게 놀려댔다. 족발집에서 소주와 함께 저녁을 마치고, CEO 친구가 호텔 바에서 2차를 자신이 내겠다고 해서 왔던 길을 거꾸로 계단을 올라가는데 발걸음이 유달리 빨랐다. 열 걸음 정도 앞서 호텔 입구에 도착하여 기다려 섰다가 너무 빨리 걸어서 미안하다고 얘기하는 50대 CEO 친구에게 말했다. "패배자들은 항상 조급하다." 그 친구가 "맞다"고 소리치며 박장대소를 했고, 바에 가서 우리는 절대 조급해하지 말자면서 여유 있게, 어울리지 않지만 몰트 위스키와 와인을 함께 했다.

"모두가 누군가에게는 언더독이다.(Everybody's an underdog to somebody.)"

모 회사의 슬로건 작업을 하면서 괜히 실제보다 크게 부풀려서 자기 모습을 보이려 애쓰지 말고, 약자(underdog)라는 위상을 최대한 활용하자면서 한 얘기였다. 아무리 크고 강한 사람이라도 누군가에게는, 어느 부분에서는 약자일 수밖에 없다는 뜻으로 말했다. 그래서 많은 사람의 공감을 얻는다는 뜻이었는데 유감스럽게도 위 문장을 슬로건으로 파는 데는 실패했다. 위의 말에는 동의를 했는데, 아무래도 스스로 언더독을 자처하는 것은 싫었나 보다. 사실 그런 것을 이겨내야만 제대로 된 브랜드를 만들 수 있는데 말이다. 자신의 위상을 제대로 알고, 인정하는 데서 반전이 시작되고, 가능한데 말이다.

부끄러운 부분을 너무나 신경 쓰면서 감추려고 애를 쓰기보다는 약점을
강점으로 만들듯이 솔직하게 드러낼 때 긍정적인 반전이 일어난다.

유연

상황에 맞춰 대응하라

[柔軟]

◆

질문은 똑같은데 답이 다른 이유

사마천의《사기》〈열전(列傳)〉에 공자의 주요 제자들을 다룬 '중니제자열전(仲尼弟子列傳)'이 있다. 거기에《논어(論語)》〈선진(先進)〉의 한 장면을 옮긴 대목이 나온다.

공자의 제자 중 한 명인 염구(冉求)가 스승인 공자에게 물었다.

"들은 것은 곧바로 실행해야 합니까?"

공자가 대답했다.

"바로 실행해야 한다."

다른 제자인 자로(子路)가 같은 질문을 했다.

"들은 것은 곧바로 실행해야 합니까?"

공자가 반문했다.

"부형(父兄)이 살아 있는데 어찌 듣자마자 곧바로 행할 수 있겠는가?"

같은 질문을 했는데, 공자는 대답을 달리하는 반전을 일으킨다. 위대하신 공자님이시니 당연히 뭔가 큰뜻이 숨어 있으려니 하겠지만, 당시 옆에서 이를 지켜본 인사는 괴이하게 여겨 공자에게 물었다.

"감히 여쭤보겠습니다. 질문은 같은데 어찌 해서 대답은 다른 것입니까?"

공자가 대답했다.

"염구는 매사에 뒤로 물러나는 까닭에 앞으로 나아가게 한 것이고, 자로는 남보다 배나 앞서가는 까닭에 뒤로 물러나게 한 것이다."

광고로 친다면 소구하고자 하는 고객이 다르면 그들의 니즈를 나타내는 표현은 같다고 하더라도 다른 해결 메시지를 전해야 한다. 새로운 지도자가 들어서서 민심을 안정시키는 일견 같은 상황이라고 할 때도 다른 방식을 취해야 하는 경우가 있다. 공자가 위와 같은 문답을 하고 나서 약 750년 후인 삼국지 시대의 일화가 있다.

먼 친척뻘이었던 유장(劉璋)을 몰아내고 익주(益州)[30]를 차지한 유비가 승상인 제갈량에게 법령을 만들라고 했다. 원래 유장의 신하이지만 유비를 도와서 최고 중신으로 꼽힌 법정(法正)이라는 인사가 의견을 제시했다. 진나라를 멸하고 이어 항우(項羽)의 초나라까지 제압한 한나라 고조 유방(劉邦)이 복잡한 법을 없애고 3가지만 남겨 '약법삼장(約法三章)'으로 공표했듯이 법령을 간소하게 해야 한다고 진언한 것이다.

제갈량은 그 반대로 해야 한다고 주장했다. 유방은 이전 진나라의 법이 너무나 엄격해서 그에 지치고 시달린 민심을 달래기 위하여 법을 간단하게 만들었는데, 익주는 법이 제대로 행해지지 않고 기강이 해이해졌으므로 치밀하고 엄격하게 법을 세우고 시행해야 한다는 것이었다. 간소한 법령을 내세웠던 법정도 따를 수밖에 없는 논리였다. 결과적으로 익주의 민심은 빠르게 안정되었으며, 행정의 기틀도 잡히고 풍요로운 원래의 모습을 찾을 수 있었다.

선례를 그대로 따라 하지 않는 반전이 필요할 때가 있다. 상황과 대상에 대한 면밀한 분석과 통찰이 먼저 이루어져야 제대로 된 반전이 나온다. 벤치마킹을 하는 목적을 2가지로 얘기한 적이 있다. 첫째, 잘나가는 기업들이 그렇게 했으므로 우리도 해야 하기 때문에, 둘째, 다른 기업들이 했으므로 우리는 다른 것을 해야 하기 때문이다.

어디에나 통하는 만고불변의 황금률이나 절대 정답은 실제 비즈니스 상황이나 인간관계에서는 없다. 올바른 선택을 위해 제대로 상황 파악을 하는 사전 노력이 있어야 한다. 해결책이란 것도 그저 반전을 위한 반전은 잠깐의 효과는 있을지 몰라도 오래가지 못한다. 입소문이나 화제, 곧 버즈(buzz)를 일으키기 위한 영상은 화제가 되었는데, 정작 브랜드는 전혀 기억하지 못하는 것과 비슷하다. 광고계에서는 '단기적으로 매출을 일으키고, 장기적으로는 브랜드를 정립한다'라는 목적을 자주 내세운다. 이상적이고 양립 불가인 듯도 하지만 그런 상황 판단과 멀리 보는 대응이 필요하다.

◆

《삼국지》 최고의 반전 캐릭터

《삼국지》를 소재로 한 대중 강연과 내용을 옮긴 책 시리즈로 유명한 이중톈(易中天) 교수는 역사적 사건과 역사 속 인물들은 3가지 이미지를 지니고 있다고 얘기한다.[31] 첫째는 정사(正史)에 기록된 얼굴이다. 역사상의 이미지로 역사가들이 주장하는 모습이라고 할 수 있다. 그런데 이들도 엄밀하게 얘기하면 실제 벌어졌던 일, 바로 역사의 진상(眞相)과는 다르다. 왜냐하면 역사가들이 선택하여 기록하는 부분이 크기 때문이다. 정사를 기록하는 사관들부터 추후 역사가들의 관점이 반영될 수밖에 없다.

두 번째는 소설과 희곡을 포함한 문예작품 속의 얼굴로 바로 문학상의 이미지다. 당연히 특정 인물에 대한 극적인 과장이나 폄하가 들어가기 마련이다. 작가의 상상이 관여하게 된다.

마지막으로 일반 백성들이 주장하거나 염원하는 모습인 민간의 이미지다. 사람들마다 자신들의 바람이나 호오(好惡)를 담다 보니 이중톈 교수는 개개인의 마음속에 모두들 한 권의 족보를 가지고 있다고 표현한다.

《삼국지》에 등장하는 인물들 중 위에서 얘기한 3가지 이미지가 가장 큰 차이를 보이는 인물은 아마 관우일 것이다. 정사 속에서의 관우는 촉한(蜀漢)을 세운 유비와 오랜 세월 동고동락한 장수 중의 하나이다. 그러나 소설 《삼국지연의》로 넘어오면 관우는 충의(忠義)의 상징으로 독자들의 피를 끓게 하거나 한숨을 자아내는 에피소드를 가장 많이 보여주는 실질적인 주인공 역할을 한다.

나는 을유문화사에서 나온 여섯 권으로 된 《소년삼국지》로 삼국지 순례를 시작했는데, 4권에서 관우가 죽자 한동안 마음을 추스르느라 진도가 나가지 못했다. 이후 5권에서 제갈량이 "죽은 공명이 산 중달을 도망치게 했다(死孔明走生仲達)"의 전설을 만들며 숨을 거둔 이후는 오직 완독을 목표로만 읽다시피 했다. 관우가 죽으면서 《삼국지》를 덮고 더 이상 읽지 않았다는 사람도 많이 봤다.

소설가 김훈 선생이 작가이자 번역가이기도 했던 자신의 부친 김광주 선생을 《삼국지》와 관련하여 회고한 글을 읽은 적이 있다. 부친이 《삼국지》에서 관우의 죽음 부분을 번역하고는 한동안 시름에 잠겨 손을 놓고 있었다고 한다. 그 정도로 《삼국지》에서 관우의 이미지는 강렬하다.

문학상의 이미지를 바탕으로 사람들은 개인적인 관심사나 인생의 바람을 관우와 결부시키며 숱한 무당들의 수호신으로, 비밀결사의 원조로, 재물을 가져다주는 재신(財神) 등 민간의 최고 인기 스타로 관우의 세 번째 이미지가 완성된다. 억울하게 배신을 당하거나 죽임을 당한 인물들이 무당의 수호신이 되는 경우가 많다.

순수 한국 출신으로는 그래서 임경업과 남이 장군이 대표적이라고 한다. 해외 출신으로는 관우에다가 한국전에서 부당 해임 당했다고 맥아더를 모신다는 무당들도 꽤 된다. 비밀결사는 관우의 일편단심 충의를 높게 사서 모신다고 한다. 배신하지 말고 조직에 충성을 다하라는 뜻이다. 상인들이 모시는 건, 그가 소금 장수를 했다는 전설 외에, 조조(曹操) 진영에 몸담고 있을 때 받았던 재물들을 모두 반납한 데서 신의의 상징이기 때문이라는 설이 있다.

서울에도 아직까지 관우를 모신 사당이 있다. 서울의 동대문 근처에 지하철 1호선과 6호선이 만나는 '동묘앞역'이 있다. 동묘의 원래 이름은 '동관왕묘(東關王廟)'이다. 서울에 이전에는 동서남북에 관우를 모시는 관왕묘가 네 군데 있었다고 한다. 동묘 담을 끼고 상설 벼룩시장 같은 동묘구제시장이 자리 잡고 있다. 군신에서 재신으로 반전의 변모를 한 관우의 이미지가 반영된 듯 제법 잘 들어맞는 것 같다.

◆ 부자일수록 아날로그 서비스

도미노피자는 2017년 2월에 네이버와 손을 잡고 챗봇 주문을 대대적으로 론칭했다. 문자 그대로 전화 통화할 필요 없이 챗봇과의 채팅을 통해 주문을 하는 것이다. 그런데 기대만큼 이용 고객의 수가 많지 않았다고 한다. 혹시 챗봇이란 용어 자체가 사람들에게 낯설고, 로봇과 채팅을 한다는 것에 대해 거부감이 있는 것은 아닐까 싶어서 같은 서비스를 '간편 주문'으로 이름을 바꾸자 이용 고객 수가 부쩍 늘었다고 한다. 물론 '간편 주문'은 최소한 네이버에서는 범용적으로 쓰이는 용어이기에 더욱 쉽고 친근하게 와 닿았을 수 있다. 그런데 한편으로는 기계나 로봇, 인공지능과 같은 기술에 대해 사람들이 느끼는 반감이나 불안감이 용어 변경과 그 이후의 사용자 수 증가에 영향을 미쳤다고 추론할 수 있다.

영국의 스코틀랜드왕립은행은 2016년에 로보-어드바이저(robo-advisor)란 챗봇 서비스를 도입하면서 "갈수록 은행에서도 고객들이 디지털 기술을 사용하길 원한다"고 했다. 그런데 이 은행의 보도자료에 기초하여 취재하고 작성했을 〈파이낸셜타임스〉의 기사는 챗봇 서비스 도입으로 은행이 440개의 일자리를 없앤다는 데 초점을 맞췄다. 첨단 디지털 기술을 도입하여 은행의 효율성을 제고했다는 점을 부각시켰다.

기사에서 더욱 중요하게 볼 부분은 뒤에 나왔다. 고객들이 원하고, 앞서가는 서비스라고 강조하면서도 은행은 영국 화폐 25만 파운드 이상의 거액 자산을 맡긴 고객들에게는 계속 대면 투자자문 서비스를 하겠다고 발표했다. 대면 서비스가 훨씬 가치 있다는 것을 은행 스스로도 인정한 것이다. 어떻게 보면 디지털화될수록 아날로그 서비스가 더 많이 나타나고, 더욱 크게 가치를 인정받는 아이러니한 상황을 자신들도 모르게 보여주었다.

이 얘기를 어느 강연 자리에서 하니 유통 업체의 중역 한 분이 질문을 했다. 챗봇을 비롯한 고객과의 거래나 서비스의 디지털화는 어쩔 수 없는 흐름인데, 어떻게 아날로그적인 서비스의 증가를 얘기할 수 있느냐는 것이다. 내 설명에 문제가 좀 있었음을 인정하고 보충 수정하여 말씀드렸다.

"당연히 대세는 디지털입니다. 모바일 등 대면하지 않고 일어나는 매출이 늘어날 거예요. 그런데 유통에서 컨시어지나 발렛파킹, 배달 등 사람이 몸으로 뛰어야만 하는 서비스도 역시 늘어납니다. 아날로그 서비스를 차등적으로 함으로써 그 서비스를 받는 사람들의 브랜드 충성도도 높이고, 전체적으로 서비스 자체의 가치도 증가할 수 있습니다. 그래서 앞으로의 서비스에서도 양극화가 더욱 분명하게 일어날 겁니다."

사람이 타고난 궁극적인 쾌감이나 만족은 아날로그적이다. 1990년대 대중 디지털의 시대가 열리면서부터 바로 디지털만 얘기하는 게 아니라, 아날로그와 합쳐서 '디지로그(digilog)'라는 말이 나왔다. 그리고 디지털을 내친다는 '디지털 백래셔(digital-backlasher)'라는 이들도 일찌감치 디지털 초창기부터 등장했는데, 디지털 부문에서 가장 앞섰던 이들이 주축을 이루었다. 이들은 여행도 디지털 시설 없이 온몸으로 부딪히는 곳으로 찾아간다. 디지털이 기승을 부릴수록 아날로그의 가치가 올라가는 반전은 계속 일어날 것이다.

◆

좋은 소식과 나쁜 소식, 뭐부터 들으시겠습니까?

"좋은 소식과 나쁜 소식이 있어. 어떤 것부터 듣고 싶니?"

미국 영화나 드라마에서 몇 번은 봤음직한 대사이다. 한국에서도 이런 대사를 볼 수 있는 콘텐츠들이 꽤 많다. 즐겨 보았던 웹툰 〈유미의 세포들〉[32]에서도 아예 '좋은 소식과 나쁜 소식'이란 제목의 작품이 게재된 날도 있었다. 당시 유미의 애인이던 바비가 팀장이 되었다는 좋은 소식을 전한다. 그리고 제주도로 발령이 나서 가야 한다는 나쁜 소식을 이어 말한다. 나 자신도 대놓고 어느 것부터 듣겠냐고 물어보며 어려운 얘기를 전했던 기억이 있다.

2005년 당시 맡고 있던 팀에서 신입사원들을 일괄적으로 실무 교육을 시켰다. 그런데 교육받던 신입사원 한 명을 한 팀에서 급히 보내달라고 요청하여 교육과정이 끝나기 전에 배치하게 되었다. 그 친구를 불러서 이렇게 대화를 이끌어갔다.

"좋은 소식과 나쁜 소식이 있는데, 무엇부터 들을래?"

갑자기 불러서 당황한 친구가 어색한 웃음을 지으며 말했다.

"좋은 소식부터 듣고 싶습니다."

살짝 안심되어 조금 풀어지며 말했다.

"너를 간절히 원하는 팀이 있어."

역시 어색한 웃음을 지으며 그 친구가 답했다.

"아, 좋네요."

AE(광고 기획자)를 원하는 친구들이 많지만 다 될 수는 없는데, 그 직종으로 갈 수 있다는 데서 그 친구가 먼저 그런 반응을 보인 것이다. 약간 멈춘 후에 이어갔다.

"그런데 그 팀이 OO 광고주 담당 팀이야."

악명을 떨치는 광고주였다. 그 친구는 어색한 웃음을 계속 지으려 애썼지만 웃음기가 급속히 사라지는 게 보였다. 거기에 결정타를 날렸다.

"그 팀에서 급하다고 하니, 당장 내일 옮겨야겠다."

좋은 소식과 나쁜 소식 중 어느 것을 먼저 전해야 할까 하는 문제에서 정답은 없는 것 같다. 행동경제학이란 학문을 만들었다고 해도 과언이 아닌, 세계적인 심리학자로 출발해 이제는 경영학계에서 더 많이 인용되는 대니얼 카너먼(Daniel Kahneman)과 아모스 트버스키(Amos Tversky)는 좋은 소식을 먼저 전해야 한다고 했다. 그래야 좋은 쪽으로 프레이밍(framing), 곧 틀이 만들어지고, 듣는 상대방이 말하는 이가 자신을 배려해준다고 느낀다. 그러나 나중에 듣는 나쁜 소식이 좋은 감정을 덮어버리니 차라리 처음에 나쁜 소식을 듣고 그것을 위로해주는 말을 나중에 듣는 게 좋다는 의견도 있다.

앤절라 레그(Angela Legg)는 미국의 UC리버사이드(캘리포니아주립대학교 리버사이드 캠퍼스)에 다닐 때 이 문제를 주제로 조사를 했다. 결과를 보니 소식을 듣는 쪽은 75퍼센트 이상이 나쁜 소식을 먼저 듣기를 원한 반면 소식을 전하는 쪽은 65~70퍼센트 비율로 좋은 소식을 우선 전하겠다고 했다. 그래서 샌드위치처럼 하는 방식을 추천한다. 좋은 소식을 앞뒤로 전하며 나쁜 소식을 사이에 넣는 것이다. "콜레스테롤 수치가 내려갔어요. 그런데 혈당은 높아졌네요. 그래도 혈압이 정상이 되었어요"라는 식이다.

그런데 이렇게 하면 중요한 소식은 나쁜 것인데, 본질을 흐릴 위험이 있다.

프레이밍은 원하는 틀이나 주제로 생각하고 말하도록 유도하는 것이다. 자기의 방향과 태도가 확실해야만 프레이밍을 할 수 있다. 그래야 상대방이 내 말뜻을 확실히 알아듣기도 한다. 대학 때 공부를 한다고 〈타임〉지를 몇 년 동안 열심히 읽었다. 그런데 제대로 해석되기 시작한 건, '〈타임〉은 보수적으로 미국의 국익을 우선한다'는 간단한 말을 어느 분에게 들은 직후부터였다. 확실한 방향과 아이덴티티(identity)를 가지고 말하고 그것을 상대가 안다면 내 말의 전달력과 설득력이 훨씬 높아진다.

"코로나19로 위기라고도 하고 기회라고도 하는데 누구 손을 들어줘야 해?" 몇몇 컨설팅 회사의 경합 프레젠테이션을 쭉 들은 친구가 이렇게 물었다. 대부분 위기라고 크게 떠든 후에, 그중에서도 기회가 있다는 식으로 얘기했다고 한다. 그게 보통의 방식이다. 약간의 반전 기법을 쓴 것이다. "위기인지 기회인지 헷갈리게 말한 친구들은 뽑지 말라"고 했다. 커뮤니케이션상 반전 효과는 분명히 있다. 그런데 그 반전도 프레이밍이 확실한 연후에 가능하다. 프레이밍은 방향이 선행되어야 하고, 실행을 위한 정세 판단이 적확해야 한다. 그렇지 않으면 원하지 않는 방향으로 반전이 일어난다.

심해 이빨고기의 고급스러운 반전

- 남극해 수심 2천 미터 이하에서 서식하는 은대구과 심해 빙
  어류
- 일식집이나 고급 호텔에서만 맛볼 수 있는 고급 어종
- EPA, DHA, 오메가3 성분과 불포화지방산으로 건강에 좋음
- 남성에겐 젊음을 되찾아주고, 여성에게는 다이어트 음식으
  로 강력 추천

어느 일식집에 생선을 광고하는 포스터가 붙어 있었다. 이 생선의 이름을 나는 2006년에 처음 들었다. 그해 이태원에 문을 연 일본식 꼬치구이를 주메뉴로 하는 이자카야에서 세련된 맛의 생선구이라며 추천해주었다. 내 미각이 무딘 편이지만 이전에 미국에서 분명히 경험한 맛이었다. 구이를 먹으며 기억을 되살려 주인에게 물었다. "이거 농어 아니에요?" 주인은 대구 종류인데, 남극 근처 칠레 쪽에서 많이 잡힌다고 했다. 브라보! 생각이 났다. 그 생선은 칠레 농어였다.

미국에서 근무할 때, 외국 친구들과 가는 음식점은 주메뉴가 대개 고기류와 생선류로 나뉘어 있었다. 고기가 너무 부담스러울 때 생선을 찾게 되는데, 가장 만만한 게 연어 아니면 농어였다.

한 음식점에서 농어를 시켰는데 자기네 농어는 좀 더 맛있는 고급이라고 강조하며 '칠레 농어'라고 구분 지어 말했다. 둔한 내 입에 맞은 일반 농어와 큰 차이를 모르겠고, 껍질이 농어에 비해 매끈한 편이었다.

이 생선은 생물학적으로 분류하면 농어과가 아니다. 남극암치과에 속한다. 농어와는 아무 관련 없는 이름을 가지고 있다. 칠레의 어부들은 '심해의 대구'라는 뜻으로 그 생선을 부르고 있었다. 영어로는 '파타고니아 이빨고기(Patagonian toothfish)'라고 했다. '심해'나 '이빨'이나 서식 환경과 그에 따른 외모에서 나온 것이었다. 대구랑 비슷한 면도 있는데, 이빨도 삐죽 나고 수압에 눌려 입맛 떨어지게 생겼다고 했다. 그런데 생선 전체를 보고 먹는 것은 아니지 않은가. 우연히 칠레 부둣가에서 그 생선을 본 미국의 생선 수입업자가 요리를 해봤다. 맛이 심심한데 미국의 요리사들이 소스, 허브 등의 양념에 나름의 조리법을 고안하면 괜찮을 것 같기도 했다.

수입을 하여 팔 생각을 하니 이름이 문제가 될 것 같았다. '심해 대구'나 '이빨고기'라 하면 먹고 싶은 생각이 들겠는가. 식당에서 먼저 손사래를 칠 게 자명했다. 요리사들에게 친숙함을 주어야 했다. 그리고 뭔가 연계점이 있어야 했다. 수입업자는 농어처럼 살이 흰색이고, 약간 푸석이며, 미국 식당들이 농어를 좋아한다는 데 착안하여, 농어의 일종으로 이름을 고쳐서 부르기로 했다. '남아메리카 농어', '태평양 농어' 등의 두루뭉술한 이름을 생각했다가 칠레로 좁혀 들어왔다고 한다. 태평양 연안의 긴 해안선에, 오염되지 않은 지역의 대명사인 파타고니아가 있고, 와인의 주요 산지로서 명성까지 더해져 더욱 고급스럽고 이국적인 느낌을 준다.

미국에서 칠레 농어로 명명되고 유통되었던 이 생선이 어떻게 '메로'라는 이름의 은대구과 고급 어종으로 변신하게 되었을까? 일본에서 오래 산 몇몇 친구들 말이 일본 식당 메뉴판에서는 '메로'를 본 적도 없고, 당연히 시켜본 적도 없단다. 대충 알아보니 일본에서는 흰 살 생선을 통칭하여 메로라고 하는 것 같다. 한국에서는 고급스런 이미지가 씌워지면서 칠레 농어로 개명한 이 빨고기에 턱 붙게 된 것이다. 이제는 충성 애호층까지 나타난 브랜딩에 의한 이빨고기의 반전이 그렇게 미국과 한국에서 이루어졌다.

◆

최첨단 우주인들의 연필

인도 영화 〈세 얼간이(Three Idiots)〉는 한국에서 2011년 개봉했고[33], 5년 후에 재개봉할 정도로 인기를 끌었다. 지금도 심심치 않게 TV에서 방영하는 명화의 반열에 오른 인도 영화이다. 이 영화의 주요 무대는 인도 최고의 공과대학이다. 학생들을 몰아치는 '바이러스'라는 별명의 학장이 인생은 레이스라 빨리 달리지 않으면 짓밟힐 것이라며 일장 훈시를 하다가 자신의 포켓에서 펜을 꺼내 보여주며 이렇게 말한다.

"만년필이나 볼펜은 지구 밖에서는 쓸 수가 없다. 그래서 이게 수백만 달러를 들여 개발한 펜이다. 이 펜은 각도, 온도, 중력 모두 상관없이 쓸 수 있다."

바이러스 학장은 그 펜을 스승에게 받았다고 한다. 펜이 '능력의 상징'으로 자신과 같이 훌륭한 학생을 만나면 주라고 했지만, 지난 32년간 그럴 자격이 있는 이를 만나지 못했다는 말을 덧붙인다. 그렇게 학생들의 분발을 촉구하려고 펜을 보여주었는데, 란초라는 주인공이 묻는다.

"지구 밖에서 펜을 못 쓰면 연필을 쓰면 되잖아요? 그럼 연구비를 안 써도 됐을 텐데요."

뜻밖의 반문에 바이러스 학장이 다음에 알려주겠다면서 얼버무리며 자리를 마무리한다. 영화에서는 무한경쟁을 강조하는 공과대학과 학장의 꽉 막힌 융통성 없는 속성과 란초의 유연함과 서슴없이 질문을 던지는 자유분방함을 대비해 보여주는 소품으로 펜이 쓰였다. 영화에 등장하기 이전부터 이 일화는 꽤 알려져 있었고, 자기계발이나 창의성을 강조하는 강연에서 곧잘 등장하곤 했다. 자기계발 작가 겸 강연자인 팀 허슨(Tim Hurson)도 '스페

이스 펜(Space pen)'이란 제품명으로 제법 자세하게 다음과 같은 차
례로 소개했다.[34]

- 미국 항공우주국(NASA)에서 무중력 상태에서는 펜이 제대로
  나오지 않는다는 사실 발견
- 기계학, 화학, 유체역학 전문가로 팀 구성, 수백만 달러 예
  산 쓰며 '스페이스 펜' 개발
- 당시 미국의 경쟁자 소련도 비슷한 문제 봉착
- 소련은 우주인들에게 '연필'을 지급하여 저렴하고 효과적으
  로 문제 해결
- "어떻게 하면 무중력 상태에서 쓸 수 있는 펜을 만들 수 있
  을까?"만 생각하고, "어떻게 하면 무중력 상태에서 글씨를
  쓸 수 있을까?"라는 근본적인 출발점을 잊었다. 비슷한 상
  황이 기업에서도 빈번하게 일어난다.

30년 전쯤에 이 얘기를 처음 들었을 때는 미국이 도저히 해결
책을 찾지 못해서 소련을 염탐하니 연필을 쓰더라고 했다. 이런
일화야 전달되면서 변형되곤 한다. 팀 허슨의 책에서도 그러려니
하면서 좀 식상한 소재이다 싶었는데, 이 소재의 끝에 주석이 달
려 있었다.

이 책이 처음 출간된 이후, 나는 스페이스 펜 이야기가 사실이 아니었음을 알게 됐다. 스놉스닷컴(Snopes.com)에 따르면 이 펜은 폴 피셔라는 사람이 개발한 후 미국 항공우주국에 적정한 가격으로 공급했다고 한다.

이 유명한 일화가 사실이 아니라니 반전이다. 워낙 페이크 뉴스들이 많은 요즘이니 큰 반전이랄 것도 없긴 하다. 그런데 사실이 아님에도 불구하고 책에 소개한 이유를 밝힌다.

하지만 내가 이 이야기를 삭제하지 않고 그대로 둔 이유는 마치 이솝 이야기처럼 더 큰 진리를 세련된 방식으로 보여준다고 보았기 때문이다. (중략) 잘못된 질문을 던지는 것 또한 큰 대가가 따를 수 있다는 교훈을 보여주고자 이 '전설'을 사용하는 것을 독자들도 너그러이 이해해주리라 믿는다.

사실을 제대로 알려줌으로써 더한 효과를 거두는 큰 반전을 불러일으켰다. 때로 반전은 솔직하게 오류와 자신의 잘못을 인정하고 양해를 구하는 과정에서 나올 수 있다. 〈세 얼간이〉 얘기로 시작했으니 그걸로 끝을 맺자. 바이러스 학장은 나중에 울면서 란초에게 30년 넘게 가지고 있던 스페이스 펜을 주었다. 그와는 너무 다른 유형의 란초이지만, 그 재능과 방식을 인정한다는 표시였다.

그런데 여기서 또 한 번의 반전이 있다. 우주선 안에서 연필을 쓰면 위험하다는 사실을 바이러스 학장이 말한다. 연필심이 날리면 코나 귀에도 들어가 사람을 해칠 수 있단다. 실제 흑연은 발화하기가 쉬워 우주선 내에 화재를 불러일으킬 수 있어서 쓰면 안된다는 이야기도 있다고 한다. 상황에 따라, 보는 각도에 따라 반전은 어떤 형식으로든 일어날 수 있다.

반전의
재료와 장치

Twist with Dignity

Fabricate

허구

거짓을 꾸미다

[虛構] 06

◆

섀클턴의 솔직히 까놓고 말하는 구인광고

'위험천만한 여행'에 참가할 사람 모집. 임금은 많지 않음. 혹독하게 춥고 칠흑 같은 어둠이 수개월간 계속되며, 위험이 끊임없이 다가오고, 무사 귀환이 의심스러운 여행임. 물론 성공할 경우에는 커다란 명예를 얻고 인정받을 수 있을 것임.[35]

어니스트 섀클턴(Ernest Shackleton)[36]이라는 영국의 탐험가가 있다. 1914년 야심차게 세계 최초로 남극대륙 종단 탐험에 나선 그는 출발 지점으로 배를 타고 가다가 얼음 조각에 18개월 넘게 갇혀 있었다. 27명의 대원들을 격려하여 한 명의 희생도 없이, 한 대원이 동상으로 발가락을 잃은 걸 빼고는 모두 무사히 귀환하는 데 성공했다. 그래서 리더십의 귀감으로 자기계발 강사들이 즐겨 인용하는 인물이다.

서두의 인용문은 그가 탐험을 떠날 대원을 모집하며 낸 구인광고라고 한다. 그의 이름이 들어간 책이나 블로그의 글, 언급되는 동영상 등에서 쉽게 볼 수 있다. 달콤하고 화려한 것을 보장하는 광고와는 반대로 접근한다. 지원하려고 마음먹었던 사람들도 쫓을 것만 같다. 이 구인광고는 단 세 부분으로 구성되어 있는데도 이야기와 같은 흐름이 있다. 제품 광고처럼 생각하고 뜯어보자.

맨 처음은 이 광고를 하는 목적, 팔려는 것이 무엇인지 얘기한다. 난순한 여행이 아니라 '위험천만한 여행'이라고 한다. 이게 사람들의 관심을 끌어당기는 반전을 만들어낸다. 그리고 보통의 구인광고와 마찬가지로 '임금'을 얘기하는데, 높다면서 사람을 꾀는 게 아니라, 많지 않다고 솔직하다면 솔직하고, 괜스레 그런 얘기를 하는 듯 엉뚱하게 까발린다. '업계 최고 대우' 같은 흔히 쓰이는 표현들과는 정반대이다. 그런데 이 광고를 본 사람들이 '아니, 이 친구들이 무슨 얘기를 하는 거지?' 하면서 더 깊숙이 끌려 들어간다.

점입가경이라고 사람을 쫓아내는 듯한 내용들이 이어진다. 춥고, 어둡고, 위험해서 무사히 돌아올지조차 장담할 수 없는 여행이라고 한다. 그러면서 살짝 방향을 틀어, 성공할 경우에는 커다란 명예와 인정을 받을 수 있단다. 살짝이지만 앞서 한 무시무시한 얘기들이 있어서 급격한 반전의 느낌을 준다. 그러면서 여운을 남긴다. 마치 '그렇지만 너무 위험하고 열악한 환경이라 당신 같은 사람은 못할 거야' 식으로 은근히 자존심을 건드리는 듯하다.

우리가 스토리텔링을 운운할 때 기승전결의 흐름이 있어야 한다고 하는데, 마지막 문장에서 '전(轉)'과 '결(結)'이 함축적으로 함께 이루어진다. 장밋빛 환상을 심어준 광고는 기대 수준을 높여 실제 상황에서 곧바로 실망으로 연결되는 경우가 많다. 2년간 얼음섬들 사이에 묶여서도 끝내 이겨낼 수 있었던 원동력이 바로 이 광고에 담겨 있지 않은가 생각한다. 엄청난 고생을 할 거라고 이미 알고 감수할 태세를 갖추고 합류했을 테니까. 실제로 그들은 탐험 자체에는 성공하지 못했지만, 무사히 귀환하여 명예와 인정을 받았다. 사람들이 알아준 것보다 자신의 결정과 성취에 스스로 자부심을 갖지 않았을까.

2017년 4월 현대자동차는 섀클턴의 증손자가 산타페 차량을 타고 남극 횡단을 하는 장면을 유튜브와 TV CF로 방영했다. 당시까지 유튜브에 방영된 자동차 광고 역사상 최고의 조회 수를 기록했다. 100년 넘어 실현된 반전이었다. 그런데 섀클턴 하면 생각나는 서두의 광고에 잘 알려지지 않은 반전의 씨앗이 있다.

◆

그들은 그런 말을 하지 않았다

인간은 위험한 여행을 원한다. 쥐꼬리만 한 보수, 살을 에는 추위, 몇 달간의 암흑, 항시적인 위험, 무사히 돌아올 수 있을지 의심스러운 여행.

– 남극 탐험가 어니스트 섀클턴에 헌정된 신문 광고, 1913년[37]

다른 책에서는 남극해에 1년 넘게 갇혔지만 탁월한 리더십으로 모든 대원을 무사히 끌고 나온 어니스트 섀클턴이 탐험원정대를 모집하며 했다는 전설적인 광고 문구를 바로 위와 같이 조금 다르게, 더 어색하게 옮겼다.

'인간은 위험한 여행을 원한다'는 첫 구절을 보고 미안한데 웃음이 나왔다. '사람 구함(Men Wanted)', 곧 '구인'이라고 써 붙인 것을 저렇게 철학적으로 옮겨놓았다. 그리고 아래에 '헌정된 신문 광고'라고 했다. 헌정이라면 섀클턴을 기리기 위하여 누가 광고를 집행했다는 것인데 이상하지 않은가. 원저의 원문을 찾아보니 'attributed to Ernest Shackleton'이라고 되어 있다. 섀클턴에 의하여 집행되었다든지 만들어졌다고 'implemented by', 'run by', 'created by' 등의 동사를 쓰면 되었을 것 같은데 왜 굳이 'attributed to'라고 '결부된', '연관된' 식의 모호하게 해석될 수 있는 표현을 썼을까.

광고계를 떠나서 리더십 강의 등에 저 광고가 아주 많이 나온다. 도전의식을 자극해서 자발적인 참여와 인내를 이끈 사례로 거론된다. 〈더타임스〉에 광고가 실린 직후 탐험대에 합류하고자

5천 명 이상의 지원자가 몰렸다고 한다. 저런 식으로 신문에 실렸다는 사진까지 쉽게 구할 수 있다. 그런데 엄청난 반전이 있으니, 저 광고가 실린 원본 신문은 찾을 수 없고, 더욱이 저런 광고를 했다는 언급조차 섀클턴 본인은 하지 않았다. 탐험에 참가했던 대원들 중에도 광고를 보고 지원했다는 이는 하나도 없었다. 한 연구자는 섀클턴의 탐험 계획 자체가 사전에 워낙 알려져 있었고, 동참하려는 이들도 많았기 때문에 구인광고를 할 이유가 없었다고 한다.

사실 유무를 두고 논란이 있다 보니, 미국의 스미소니언 박물관에서 본격 조사를 하고, 소액이나마 현상금도 걸고 제보를 기다렸다. 결론적으로 〈스미소니언 매거진〉에 실린 글에 의하면 그 광고는 나중에 만들어낸 신화일 확률이 거의 100퍼센트이다. 많은 역사학자나 서지학자들이 섀클턴이 했다는 구인광고의 원본을 찾고자 당시 섀클턴의 동선에 따라 각 지역의 신문들을 뒤졌지만 저 광고를 찾을 수 없었다.

광고 자체를 언급한 사례를 찾아서 자료를 뒤진 결과는 놀랍다. 섀클턴이 죽고 거의 30년 가까이 지난 1944년에 어느 자기계발서에 저 광고가 처음 공개적으로 언급되었다. 그를 근거로 1949년에 위대한 광고물 100선을 담았다는 책에서, 그중의 하나로 저 광고를 선정했다는 기록이 있다. 그리고 1985년 발간된 섀클턴의 전기에 저 광고가 다시 부각되면서 숱한 책들과 글에 봇

물처럼 인용되었다고 한다. '헌정'이라고 한 게 'attributed to'를 잘못 번역한 것이기는 하지만, 그 말 자체로는 딱히 틀린 것은 아니라 할 수 있다. 그의 위대함을 기려서 '헌정'한 가짜 광고인 것 같으니 말이다.

섀클턴의 광고처럼 실제 존재하지 않고 사실이 아닌데 인용되고 활용되는 말이나 문구가 많다. 동일한 책에 나온 다음 두 문구는 다른 데서도 자주 인용되는 사례를 봤기에 지적해줬다. 제발 엉뚱한 이들을 저작권자로 인용하지 않기를 바라면서 여기 옮긴다.

인생은 B와 D 사이의 C이다. 탄생(Birth)과 죽음(Death) 사이 선택(Choice)의 연속이다.

— 쟝 폴 사르트르

큰 배를 만들게 하고 싶다면 나무와 연장을 주고 배 만드는 법을 가르치기 전에 먼저 바다에 대한 동경을 심어줘라. 그러면 그 사람 스스로 배 만드는 법을 찾아낼 것이다.

— 생텍쥐페리

사르트르나 생텍쥐페리나 저런 말을 한 적이 없다. 사르트르가 영어 단어를 써서 저런 말을 했겠는가. 생텍쥐페리 작품에서 억지로 조금 비슷하지 않냐고 막무가내로 우길 수 있는 부분은 있지만, 보통 저 문구의 원전으로 드는 《어린 왕자》에는 그런 구절이 없다.

◆

가장이 판치는 시대의 솔직함

골판지 상자로 만든 차(soap box car)를 타고 어린이들이 경주를 한다. 모두 남자아이들인데 여자아이가 딱 한 명 끼어 있다. 남자아이들에 전혀 기죽지 않을뿐더러 그들을 하나씩 제치면서 소녀가 달린다. 약간 걱정도 되지만 그래서 더욱 대견스럽게 여자아이를 쳐다보는 아버지의 얼굴을 비추고 내레이션이 흘러나온다.

"저 소녀가 지금까지 받아온 교육과 그녀가 품고 있는 열의와 능력에도 불구하고 저 소녀에게 너는 남자들보다 무조건 저평가될 거라고 말해주어야 할까요?"[38]

2017년 미국 슈퍼볼에서 방영된 아우디(Audi)의 60초짜리 광고였다. 그 광고를 보면서 개인적으로 크게 3가지를 느꼈다.

- 약간 작위적이지만 그래도 시의성 있는 소재를 잘 택했다.
- 자동차라는 업종과 연결하는 부분도 괜찮았다.
- 그런데 아우디와는 어울리지 않는다.

아우디는 BMW, 메르세데스 벤츠라는 프리미엄 자동차 부문에서 경쟁하는 다른 독일 브랜드와 대비하면 여성적인 느낌이 강한 편이다. 그러나 미국 소비자들에게 독일 하면 아직도 강인하고 정밀한 전통 남성 기술자의 페르소나가 짙다. 모터쇼나 컨퍼런스와 같은 행사에서 만난 아우디 사람들도 대부분 '상남자' 스타일이었다. 그런 기업이 갑자기 여성을 응원하는 메시지를 들고 나오다니 뭔가 인지부조화가 일어난다. 아니나 다를까 광고계와 자동차 업계에서 비아냥에 가까운 소리들이 나왔고, 광고 내레이션을 인용한 책에서도 이렇게 반응을 정리했다.

"비평가들은 오히려 그 기업의 문제점을 짚어내며 비판했다. 광고를 내보낼 당시 그 회사의 중역 6명 중 여성이 한 명도 없었다. 또한 이사회의 여성 비율도 다른 주요 경쟁사보다 현저하게 낮은 16퍼센트에 불과했다."

커뮤니케이션 내용과 실제 행동이 엇박자를 내면서 본의 아닌 반전을 만들어낸 기업들은 계속 나왔다. 2017년 세계 광고계에서 최고의 화제를 몰고 온, 뉴욕 월스트리트에 '겁 없는 소녀(Fearless Girl)' 동상을 세운 주체는 세계적인 투자회사 SSGA[39]였다. 남성들의 세계인 월스트리트를 상징하는 황소상에 맞서며 여성의 힘과 리더십을 보여주는 소녀의 동상은 칸국제영화제를 지배하고, 세워진 직후부터 뉴욕 관광객들이 꼭 사진을 찍어야 하는 피사체로 떠올랐다. 그렇게 성공적인 홍보 프로그램으로 자리 잡았는데, 정작 SSGA는 그들이 동상을 통해 설파하려던 메시지와 정반대되는 사내 차별 논란에 휩싸였다. 그해 말에 미국 노동부가 2012년부터 SSGA의 성별 임금 격차를 조사했는데, 고위직 여성 305명이 같은 직위에 있는 남성들보다 낮은 임금을 받은 게 확인됐다고 밝혔다. 흑인 고위 임원 15명은 같은 직급의 백인들보다 적은 임금을 받은 인종차별 사실도 드러났다. 결국 SSGA 측은 체불임금과 합의금 명목으로 500만 달러, 원화로 57억 원을 내기로 노동부와 합의했다. SSGA의 자산이나 수익 규모를 보면 정말 푼돈에 불과한 금액이지만 반전으로 인한 이미지 손상은 그야말로 '값을 매길 수 없는(priceless)'[40] 것이었다.

광고 내용과 실제의 불일치로 인해 생길 수 있는 부정적 반전을 예방할 수 있는 길도 있다. 자신들의 실상을 솔직하게 드러내며 개선하겠다는 의지와 당위성을 밝히는 방식이다. 부끄러운 곳을 그렇게 드러내는 기업이 있을까? 시티뱅크는 '바로 지금입니다(It's about time)'라는 카피로 마무리하는 '더 모먼트(The Moment)' 캠페인에서, 은행 내부에서 여성 급여가 남성 대비 29퍼센트가량 적고, 상위직에서 여성 비율이 37퍼센트밖에 되지 않는다는 내부 실상을 공개했다. 그런 솔직함이 가장이 판치는 시대에 긍정적인 반전을 만들었다.

◆

사진 한 장의 어긋난 반전

"사진 한 장이 천 마디 말을 한다."

매년 3월 8일은 '여성의 날'이다. 여성의 날 행사는 아니었지만, 여성들의 행사에서 찍은 사진을 어느 여성이 2014년에 트위터에 올리며 붙인 말이다.

별로 이상할 것도 없는 사진이다. 컨퍼런스에서 흔히 벌어지는 재미없는 패널 토의 장면이다. 특히나 외국에서 짙은 색 양복을 유니폼처럼 차려입은 나이 지긋한 백인 남성들의 무대. 그런데 벽에 붙은 행사명을 보면 고개를 갸우뚱하게 된다. '글로벌 여성 서밋(Global Summit of Women)'이란 행사였다. 이 사진이 리트윗되고 다른 참가자들의 SNS에도 퍼지면서 사람들의 분노 섞인 목소리가 이어졌다.

"남자가 더 잘 안다 이거겠죠. 어이가 없네."

"웃어야 할지, 울어야 할지 모르겠네요."

"제발 웃기려고 한 짓이라고 말해줘."

1970년대를 풍미했던 TV 코미디 프로그램 〈웃으면 복이 와요〉에서 비슷한 콩트를 한 적이 있다. 여권 신장을 주장하며 여성들이 뭉쳐야 한다던 여성이 모임의 대표로 남성을 모시겠다고 하자, 환호하던 여성들이 야유를 하는, 코미디로는 너무 뻔한 설정이었다. 그런 코미디 장면을 실제로 옮겼으니, SNS에서 집중 포화를 받는 것도 당연하다. 도대체 주최한 이들은 무슨 생각으로 저런 만행 혹은 섶을 지고 불에 뛰어드는 짓을 벌였을까.

행사를 주최한 단체는 '글로브 위민(Globe Women)'으로 "전 세계적으로 여성의 경제적 기회를 대폭 확장한다는 공동의 비전 아래 공공·민간·비영리 단체 등 전 부문이 함께 모여 설립한 단체"라고 스스로 설명하고 있다. 이들이 주최한 '글로벌 여성 서밋 2014' 행사를 사전에 알리는 뉴스레터 첫머리에 이런 문장이 있었다.

"양성 관계에 대한 '지속적 교육'의 일환으로 여성 행사에 남성을 좀 더 많이 참여시켜 달라는 타지프랑스(TAJ France)의 최고경영자 지앙마르코 몽젤라토(Gianmarco Monsellato)[41]의 요청을 받아들여 2014년 글로벌 여성 서밋에서는 남성 최고경영자 여러분을 초청했습니다."

패널의 자격이 여성 승진을 지지하고 행했던 남성 경영자였던 것이다. 패널 중의 한 사람은 시설관리 용역 회사를 크게 운영하는 이였는데, 그 회사의 임원 13명 중 6명이 여성이었다. 최초에 개탄을 하면서 트윗을 날린 이는 패널 토의에서 오가는 내용은 전혀 상관하지 않았음에 틀림없다. 그저 여성들의 모임에 남자들이 무대를 차지하고 있는 그림만 눈에 들어왔고 분노를 트위터에서 표현했다. 트위터에 실린 사진과 글귀만을 접한 이들이야 말할 것도 없다. 굳이 편집하거나 세세한 설명을 덧붙일 필요도 없었다. 글로벌 여성 서밋의 남성 패널들만 나온 토의 장면은 팩트이고, "사진 한 장이 천 마디 말을 한다"라는 문장만으로도 알리고 공분을 일으키는 효과는 충분했다.

나중에 행사의 의도와 출연자 선정 기준과 면면이 알려졌으나 역시 예상대로 최초 트윗이 리트윗되고 다른 채널들에서 사진이 유포될 때와 같은 반향은 불러일으키지 못했다. '여성이 없는 여성 행사'라는 간판이 일으킨 충격을 잠재우지 못했다. 그러나 사실과는 어긋난 반전으로 지금도 이 사진은 성불평등의 예시 중 하나로 가끔 사용된다. 오류를 지적하고 진실을 밝히며 꾀하는 반전은 대개 생각한 만큼의 효과를 거두기가 유감스럽게도 힘든 게 현실이다.

◆

슈퍼푸드 퀴노아 농부들은 햄버거를 먹는다

2000년대 들어서 퀴노아는 스타푸드로 떠올랐다. 미국 항공우주국(NASA)에서 우주비행사에게 최적의 식품으로 인정받았고, 세계적으로 유명한 영양학자들이 섭취를 권장했고, 레이디 가가를 비롯한 슈퍼스타들의 인증이 잇따랐다. 급기야 FAO(세계농업기구)는 2013년을 '세계 퀴노아의 해'로 지정하기까지 했다.

선진국을 중심으로 수요가 급증하면서 퀴노아의 가격도 2000년에 100킬로그램당 28.40달러에서 2008년 204.50달러로 7배 이상 올랐다. 산지인 볼리비아와 페루에서도 경작지가 2007년부터 10년 사이에 거의 네 배 가까이 늘었고, 산출량은 그 이상으로 증가했음에도 불구하고 가격이 3배 이상 인상되었다.

그전에는 극빈 상태로 살아가는 남미 원주민들의 연명 식품 혹은 닭 모이로나 쓰이던 작물이라는 평가를 받았다. 그런 작물 값이 마구 올랐으니, 주식으로 삼던 하층계급들은 어떻게 대처할지 서구 신문들이 앞다퉈 우려를 담은 보도를 충격적인 헤드라인과 함께 내놓으며 국제적인 이슈로 떠올랐다.

〈인디펜던트〉(2011) : 퀴노아가 사치재가 되면서 볼리비아의 소비량이 지난 5년간 34퍼센트 감소

〈뉴욕타임스〉(2011) : 퀴노아 재배 지역의 어린이들 영양 상태 악화

〈가디언〉(2013) : 비건들이 받아들이기 힘든 진실. 정크푸드에 빠져드는 퀴노아 재배지 사람들

〈인디펜던트〉(2013) : 퀴노아는 당신에게는 좋지만 재배하는 볼리비아 사람들에게는 재앙

〈글로브 앤드 메일〉(2014) : 당신이 퀴노아를 더 좋아할수록 볼리비아와 페루 농민들에게 더 큰 피해를 끼치게 된다.

퀴노아의 소비는 산지에서 그 이전부터 꾸준히 감소하고 있었다는 데 반전이 있다. 게다가 퀴노아 소비가 가계 지출에서 차지하는 비중은 0.5퍼센트에 불과했다. 못 사 먹을 정도로 생활비에 큰 부담을 주지 않는 수준이었다. 더욱 거시적인 시각에서 보면, 글로벌화가 진행되면서 전통 음식에 대한 거부감이 커지고, 다른 음식 종류가 많아진 이유가 더 결정적이었다. 한국에서 주식인 쌀 소비가 줄어든 원인을 가격 때문이라고 할 수 없는 것과 비슷하다. 가격은 소비 감소를 거드는 요소 중의 하나일 뿐이다.

대량생산된 제품들이 들어오면서 원래의 산지에서 공급도 달리고 그래서 가격도 오르는 전통 상품들이 꽤 나타나기 마련이다. 한국 동해안에서 오랫동안 어부로 일했던 분이 길거리에서 쥐포가 인기리에 팔리는 걸 보고는 "옛날에 저 쥐치는 팔 수도 없어서, 동네 사람들한테 그냥 줘버리고 그랬어"라고 말씀하시는 걸 들었다. 그런 생선이 오징어를 대체하며 잡는 족족 타지로 팔려나가기 시작했다. 그 지역 사람들 상당수가 자기들은 쥐치회니 쥐치포니 노인네들한테 이야기만 듣고 정작 맛본 적도 거의 없다고 한다. 울릉도의 오징어도 한때 전량이 일본으로 수출되고, 흑산도 홍어도 서울에서나 맛볼 수 있다고 하지 않던가.

어린이들의 영양 상태가 악화된 것도 퀴노아를 먹지 못한 까닭이라고 한다. 그러나 '인스턴트 면' 같은 건강에 좋지 않은 음식들을 많이 섭취해서라는 게 더 타당하다고 한다. 한국에서도 지금

청소년들이 그들의 조부모보다 발육 상태는 좋지만 건강은 나쁜 경우가 많다고 한다. 같은 식품이라고 해도 사람들의 말초적인 입맛에 맞추다 보니 영양소가 한쪽으로 치우치며 성장해서라고 한다. 그런 불균형은 사람의 몸안에서만 일어나는 건 아니다.

전통적인 방식으로 퀴노아를 재배할 때 예전 우리 농부들이 소를 이용하듯 라마가 많이 쓰였다고 한다. 자연스럽게 라마의 분뇨가 땅을 기름지게 하는 비료 역할을 했다. 경작지를 넓히며 라마를 위한 목초지가 사라졌고, 라마와 인간 대신 트랙터들이 땅을 갈면서 토양이 척박해졌다. 인간과 동물 그리고 대지와의 관계가 어그러졌다. 이런 일련의 현상들이 오직 퀴노아를 먹겠다는 서구인들의 열망 때문이라고 단정적으로 말할 수 있을까.

사실 볼리비아나 페루의 퀴노아 재배 농가와 인근 주민들의 소득은 현저하게 올랐고, 그와 더불어 전체 생활수준도 객관적 기준에서 꾸준히 개선되었다. 변하지 않은 것은 서구의 몇몇 언론인들이 남미의 퀴노아 농부들에게 씌운 스테레오 타입이었다. 자신들이 전통이고 자연적이라고 규정한 틀에서 벗어나는 것을 자신들의 기준에서 그냥 안쓰럽게 보았던 것이다. 그 안쓰러움을 사실들의 조각조각으로 꿰어 맞춰 강변했다. 그러면서 '만들어진 진실' 좀 심하게 말하면 '탈진실(post-truth)' 같은 얼토당토않은 반전이 일어났다.

◆

국제 가상 교실에 컴퓨터가 없다

　미국의 워싱턴DC는 수도이기는 하지만 지방자치단체로서 재정 형편이 좋지 않기로 이미 널리 알려져 있다. 번빌(Burnville) 초등학교는 그 지역에서도 아주 열악한 상태였다고 한다. 그런데 인터넷 대중화의 초창기라고 할 수 있는 1997년 4월, 초등학교 교육에서 정보화가 어떤 역할을 하고, 어떻게 진행되는지 전 세계에 시범을 보이는 역할을 떠맡게 되었다. 그것도 무려 장 크레티앵(Jean Chretien) 캐나다 수상이 미국을 공식 방문하면서, 양국 영부인들의 행사 중의 하나로 기획되고 집행되었다. 크레티앵 부인과 클린턴 부인, 곧 힐러리 클린턴이 기자단과 함께 번빌 초등학교를 방문했다.

　번빌 초등학교 학생들은 캐나다의 수도 오타와의 세인트 엘리자베스(St. Elizabeth) 초등학교 학생들과 함께 채팅도 하면서 인터넷에 접속하여 같은 화면을 띄워놓고 보며 수업을 했고, 그런 모습을 두 영부인이 흐뭇한 모습으로 참관했다. 언론에서는 이를 세계 최초의 '국제 가상 교실(International Virtual Classroom)'이라고 띄웠다. 학생들은 서로 토론하면서 미래의 교육은 어떤 형태를 갖게 될 것인가를 예측했다고 한다. 대단하지 않은가. 1997년 학교 재정도 열악한 워싱턴DC의 초등학교에서 이미 화상 통화와 공유 인터넷을 사용하여 미래 교육 예측이라는 거창한 주제를 다루었다는 사실이.

며칠 후 캐나다의 일간지 〈글로브 앤드 메일(Globe and Mail)〉에서 정보화 교육 시범의 뒷얘기를 소개했다. 미국과 캐나다의 두 영부인과 기자단을 포함한 일행이 번빌 초등학교를 떠나자마자 학생들이 사용했던 컴퓨터를 상자에 넣은 후에 모두 어디론가 실어갔다고 한다. 기사를 쓴 폴 코링(Paul Koring) 기자는 이렇게 말했다.

"아이들과 직접 얘기해보고 알게 된 사실이었습니다. 학생들이나 교사들 모두 행사 후에 컴퓨터를 가져가버릴 것을 알고 있었습니다. 물론 이런 얘기는 보도자료에 한 줄도 씌어 있지 않았죠."

실제 번빌 초등학교에서 인터넷과 연결될 수 있는 컴퓨터는 학교 전체에 한 대밖에 없었다고 한다. 보여주기식 행사이고 바로 그들의 컴퓨터는 없어질 것이라는 사실을 알면서도 교육에 열띠게 참여했던 어린이들의 연기력을 칭찬해줘야 할까. 국가 행사에 참여했다는 애국심과 자부심이 그들을 그렇게 만들었을까.

국가원수들을 초청한 행사에서 이런 전시만을 위한 '눈 가리고 아웅' 식의 행태가 얼마나 많은가. 그런데 실상이 보도되니 양쪽 정부에서 당황했다. 캐나다의 통신회사 노던 텔레콤(Northern Telecom)에서 번빌 초등학교에 컴퓨터 10대를 기증하는 나름의 해피엔딩 반전을 이끌어냈다고 한다. 과연 그 컴퓨터 10대는 어떻게 사용되었는지 궁금하다. 그래도 이 해프닝이 디지털의 선도 자이자 전도사로 유명했던 인사가 펼친 야심찬 프로젝트에 조금 이라도 영향을 끼쳤다고 본다.

MIT 미디어랩(Media Lab)의 창설자 니콜라스 네그로폰테 (Nicholas Negroponte)가 2006년에 TED에서 감동적으로 'OLPC(One Laptop Per Child)' 프로그램을 주창했다. 100달러 이하의 랩탑 컴퓨터를 만들어 저개발국, 저소득층 어린이 교육을 위하여 배포하자는 운동이었다. 지금 그 프로젝트를 기억하는 사람들은 거의 없는 듯하다. 가격을 100달러 이하에 맞추지도 못했고 고장도 잦았던 것 같다. 교육 시스템이 뒷받침되지 않은 상태에서 기기만 보낸 경우도 많았다. 워낙 시작이 거창해서인지, 나중의 성과보다는 비웃음만 산 용두사미의 대표적인 사례로 얘기되었다. 그래도 2015년까지 처음 발의해서 대략 10년이 안 되는 기간 동안의 성과를 보면 300만 대 이상의 랩탑 컴퓨터를 전 세계에 보냈다고 한다. 그런 순수한 마음이 바탕이 된 프로젝트가 곳곳에서 일어나고, 거기에 기술과 자본이 따라주는 반전이 일어나길 빈다.

장밋빛 환상을 심어준 광고는 기대 수준을 높여 실제 상황에서 곧바로 실망으로 연결되는 경우가 많다. 반대로 오류를 지적하고 진실을 밝히며 꾀하는 반전은 대개 생각한 만큼의 효과를 거두기가 힘든 게 현실이다.

은폐

숨기고 덮어 가리다

[隱蔽]

눈부신 썬키스트의 어두운 그림자

농산물에서 공동 브랜드로 오랜 역사와 함께 손꼽히는 것이 썬키스트(Sunkist)이다. 썬키스트라는 이름은 1907년 최초로 광고를 할 때 광고대행사에서 지은 것이라고 한다. 캘리포니아의 밝은 햇빛을 상징하는 'Sun'과 그것들을 키스하는 것처럼 담뿍 담았다는 의미의 'Kissed'를 합쳐서 철자를 약간 바꾼 것이다. 당시에 과일, 산지, 확장성 등을 모두 고려했는지는 모르겠지만 결과적으로 잘 융합한 브랜드이다. 예전에 썬키스트 홈페이지에 브랜드 탄생의 배경이 다음과 같이 기술되어 있었다.

썬키스트 재배자들이 처음 나무를 심기 시작한 것은 캘리포니아에 '골드러시(Gold Rush)'가 시작된 때인 1840년대로 거슬러 올라갑니다. 당시 금광을 찾아 나선 많은 사람들이 괴혈병에 걸렸습니다. 이때 감귤류가 괴혈병을 예방해준다는 소문이 퍼지면서 수요가 하늘을 찔렀고 레몬은 1개당 1달러라는 엄청난 고가로 팔리게 되었습니다.

틀린 내용은 아니지만 당시 골드러시의 진원지 샌프란시스코의 상황을 알면 이야기가 조금 달라진다. 1848년 샌프란시스코 인근 새크라멘토강 지류에서 금맥이 발견되면서 문자 그대로 '황금광 시대'가 열리고, 벼락부자의 꿈을 안고 세계 각지에서 사람들이 몰려들기 시작한다. 1848년 불과 500명가량의 사람들이 옹기종기 살던 한적한 어촌 샌프란시스코는 불과 2년 후인 1850년 3만 명 인구가 바글대는 도시로 변모했다. 계획에 의거해 신도시를 건설한 것도 아니고 그냥 사람들이 몰려들어 그렇게 된 것이다.

당연히 생활에 필요한 기반이 제대로 조성되었을 리 없다. 특히 교통이 발달하지 못한 시절인지라 수요는 엄청나게 늘어났는데 물자 수송이 제대로 되지 못하여 물가가 상상 초월할 정도로 치솟았다. 1850년대 초 샌프란시스코 동네의 몇몇 품목들 가격을 보면 달걀 1개 1달러, 버터 1파운드 6달러, 부츠 한 켤레 100달러였다. 그리고 남자들이 그렇게 몰려들어 극심한 남초 현상을 반영하여 창녀와 즐기는 비용이 100달러에서 시작했다고 한다. 그러니 레몬 1개에 1달러가 그리 놀랄 일은 아니었다. 실제 골드러시에서 금을 찾아 부자가 된 사람들보다는 잡화상 등 장사로 돈을 번 사람들이 훨씬 많았다고 한다. 딴지를 걸 만한 내용은 또 있다.

대륙횡단철도로 인해 밀감산업은 캘리포니아 지방의 중요한 경제 기반으로 자리 잡았고 수년간 과일은 미국의 몇 안 되는 수출 품목 가운데 하나였습니다. 1880년부터 1893년까지 캘리포니아의 밀감 경작 면적은 3천 에이커에서 4천 에이커로 증가했습니다. 경작자들은 새로운 금광맥을 발견한 듯했습니다.

대륙횡단철도는 단지 밀감뿐만 아니라, 캘리포니아 전체 농업 발전에 지대한 공헌을 했다. 서부 해안 지방의 자급자족 단계를 넘어서 동부로 운송하여 판매할 수 있고, 유럽 지역으로 수출까지 가능하게 되었다. 그래서 전체 과일 출하량이 1870년 200만 파운드에서 1890년 1,200만 파운드로 비약적으로 증가했다. 밀감 경작 면적이 3천에서 4천 에이커로 30퍼센트 정도 늘어난 것이 대수는 아니었다는 얘기다. 그리고 무엇보다 캘리포니아 농업 발전의 견인차 역할을 한 것은 중국인 농업 노동자였다.

캘리포니아를 '금산(金山)'이라 부르며 중국인들은 처음에는 금을 캐러 갔다. 이후 대륙횡단철도 건설 노동자로 백인 노동자들보다 훨씬 싼 노임을 받으며, 가장 위험한 임무에 동원되었다. 철도가 완성된 후에 이들의 대부분이 농업노동자로 전환되었다. 이들은 저렴한 노임과 부지런함, 끈기로 농장주들의 환영을 받으며, 특히 썬키스트 홈페이지에서도 언급된 밀감 경작 면적의 증대에서 보듯 황무지 개간의 이름 없는 주역이 되었다.

1870년 캘리포니아 지역의 농업노동자 10명 중 1명에 불과했던 중국인이 1884년에는 2명 중 1명, 1886년에는 10명 중 9명으로 증가했다. 미국인 경작자들이 새롭게 발견한 과일로 이루어진 '금광맥'의 뒤에는 이렇게 중국인 농업노동자들이 자리 잡고 있었던 것이다. 거의 희생에 가까운 혹사 속에서 농업의 산업화 그리고 근대적 브랜드로서 오늘의 썬키스트가 탄생할 수 있었다.

썬키스트 홈페이지의 내용은 자신들에게 유리한 방향으로 이야기를 이끌기 위하여, 모든 사실들을 얘기하지 않는 '미필적 고의'의 기술(記述)을 하고 있다. 광고를 하면서 많은 경우에 그런 미필적 고의를 저지르게 된다. 모든 것을 얘기할 수 없기 때문에, 강조하여 전달하고 싶은 부분을 극히 제한적으로 선택할 수밖에 없다. 그렇게 제한적으로 선택한 것도, 나에게 유리한 방식으로 해석하도록 표현해야 한다. 하지만 그것이 너무 심해지면, 그리고 반(反)광고의 시각에서 보면 '사기(詐欺)'처럼 여겨진다. 사실을 너무 가려 반전이 지나치게 멀리 가면 그렇게 된다.

◆

하버드의 히틀러

　1960년대 중반 이후, 베트남전쟁을 두고 미국인들은 찬반으로 갈려 내부에서 격렬한 싸움을 벌였다. 흑인들의 인권 투쟁을 둘러싼 갈등 또한 20세기 판 남북전쟁이 벌어져도 이상하지 않을 지경까지 갔다. 장발에 수염을 더부룩하게 기른 청년 남성들과 브래지어를 불태운 젊은 여성들이 마약에 취하여 로큰롤 음악에 몸을 흔들어댔고, 한쪽에서는 록밴드의 LP판을 불태우고 기독교 성령운동의 불길을 피우는 윗세대들이 있었다. 컬럼비아 대학교 학생들은 총장실을 점거했고, 오하이오주 켄트 대학에서는 출동한 주방위군이 학생들에게 실탄 사격을 가해 4명의 학생이 사망했다.

　그런 혼란의 시대에 하버드 대학교 로스쿨을 미국의 중심을 잡는 최후의 보루로 여기는 이들이 많았다. 특히 하버드 로스쿨 학생들과 그들의 학부모나 교직원들은 국가 전체를 소용돌이 속으로 몰아넣은 위기 속에서, 하버드 로스쿨이 선두에 서서 법과 질서를 지탱한다는 자존심과 자부심이 대단했다. 그런 격동의 시기의 한 중간에서 하버드 대학교 로스쿨 졸업식이 열렸고, 학생 대표가 연설을 했다.

지금 우리나라 전국의 거리는 혼란의 도가니에 빠져 있습니다. 대학가는 반란과 난동을 부리는 학생들로 가득 차 있으며 공산주의자들은 이 나라를 파괴하기 위해 열을 올리고 있습니다. 러시아의 무력은 우리를 위협하고 있습니다. 위험이 도처에 도사리고 있지 않은가요? 그렇습니다! 내부의 적과 외부의 적이 들끓고 있습니다. 우리에게는 법과 질서가 필요합니다! 법과 질서가 없다면 이 나라는 생존할 수 없습니다.

참석자들의 우레와 같은 박수가 터져 나왔다. 한참이 지나 박수 소리가 좀 가라앉았을 때, 연설을 하던 학생 대표가 조용히 말했다.

지금 제가 한 말은 1932년 아돌프 히틀러가 했던 것입니다.[42]

졸업식장의 분위기가 어떻게 변했을까? 상상은 가지만 당사자들의 충격 정도는 짐작이 가지 않는다. 위의 연설을 듣던 교수나 가족들 중에는 제2차세계대전에 참전한 이들이 많았다. 그들에게 히틀러는 주적으로 싸웠던 악의 화신이었다. 그런데 관련된 모든 것을 부정하고 싶은 철천지원수의 말에 찬동하며 열렬한 지지를 보낸 자신을 봤을 때의 당혹함만큼이나 연설의 충격과 설득력은 강렬했을 것이다.

당시 하버드 로스쿨의 졸업식에 모인 청중의 대부분은 기득권 중의 기득권에 속했다. 정권의 폭압보다 무질서의 혼란이 이들에게는 더 무섭다. 극한의 공포 상태에 있으니, 법과 질서에 앞서는 인간의 기본권 보장과 같은 소리가 먹힐 수가 없다. 옳은 말이라고 정공법으로 밀고 들어가서는 반발만 더욱 강력해질 뿐이다. 돌아서 두드리며 반전을 꾀해야 한다.

《손자병법(孫子兵法)》에 '차도살인(借刀殺人)'이란 계책이 나온다. 다른 이의 칼을 빌려 적을 죽인다는 말이다. 연설한 학생에게 청중들을 적이라고 하면 표현이 심하기는 하지만, 이 연설에서 칼은 적의 적이 소유한 무기였다. 그게 적의 것인지 모르고 반겨 맞았다가 찔렸으니 더욱 아프다. 먼저 긍정과 환호를 이끌어내라. 여운이 가시기 전에 이면의 실상을 보여줘라. 그들의 붕괴된 믿음 위에 반전의 꽃이 피리라.

보이지 않아 더욱 무서운

"난 지겨워."

10대 중반으로 보이는 남학생이 학교 도서관 책상 위에 낙서를 한다. 지겨운 것도 이해하고, 좋지 않은 행동이기는 하지만 낙서하는 것도 이해한다.

다음 날 그 학생이 도서관 같은 자리에 와서 보니까 자신의 낙서 아래 인사말을 적어놓았다.

"안녕 '지겨워'야. 만나서 반가워."

여자의 글씨라고 지레짐작하며 지겹기 그지없던 남학생의 삶에 뭔가 활기가 솟는다.

"짱 재밌네. 빨리 방학 되면 좋겠어."

방학을 기다리는 마음이야 학교 다니는 학생이면 당연한 것 아닌가.

친구들과 식당에서 식사를 하다가도 혹시 그 낙서의 주인공이 아닐까 싶어서 지나가는 여학생들을 유심히 쳐다본다.

남학생은 정체를 모르는 여학생과 도서관 책상의 낙서로 계속 이야기를 주고받는다.

"이번 여름에 특별한 계획 있어?"

"노잼 계획."

남학생이 농담으로 응수한다.

"그럼 노잼 계획을 같이하자."

여학생도 호응한다.

"좋아."

여학생이 누구인지 더욱 궁금해져서 인스타그램도 보고, 수업 시간에 옆에 앉은 여학생에게 괜한 눈길도 던져보지만 누구인지 알 재간이 없다. 결국 참지 못한 남학생이 도서관 책상에 쓴다.

"너 누구야?"

그렇게 나날이 지나가고 여름방학이 왔다.

도서관 책상 위에 질문을 던졌기에 누구인지 확인하려는데, 이미 도서관 문이 닫혀 남학생이 실망하고 돌아선다. 여름방학을 맞아 학생들이 체육관에서 학년을 정리하는 추억록 같은 학기 앨범에 서로 인사말과 이름을 주고받는다. 남학생이 어느 여학생의 앨범에 쓴 글씨를 보고 옆에 서 있던 여학생이 남학생에게 말을 건넨다.

"야, '지겨워'가 너구나."

도서관 책상 위의 낙서로 한마디씩 주고받던 두 남녀가 드디어 만났다.

서로를 확인하는 감격을 누리는 그들 뒤로 체육관 문이 갑자기 열리며 누군가 검은 가방을 가지고 들어선다. 가방을 바닥에 털썩 던져놓은 그가 소총을 꺼내고 학생들의 비명이 곳곳에서 울려 퍼진다.

그리고 느닷없게도 자막이 나온다.

"여러분이 에반을 보는 동안, 다른 학생 하나는 총기 난사를 계획하는 조짐을 보이고 있었습니다."

남학생의 이름이 '에반'이었다. 그리고 다른 한 줄이 나타난다.

"그러나 아무도 주목하지 않았습니다."

영상을 다시 뒤로 돌려보니, 에반이 나타난 화면의 한쪽에 체육관 총격범의 모습이 나타나 있었다. 도서관에서 총기 잡지를 읽고, 말을 거는 여학생에게 대꾸하지 않고, 복도에서 다른 학생들에게 괴롭힘을 당한다. 다시 도서관에서 총기 비디오를 보고, 에반이 쭉 훑었던 인스타그램에는 카메라를 향해 총을 쏘면서 "학교에서 보자(See you at school)"란 텍스트를 붙인다. 그리고 수업 시간에 다른 학생에게 총 쏘는 시늉을 한다.

다시 자막이 뜬다.

"조짐만 포착한다면 총기 난사는 예방할 수 있습니다."

오바마 대통령이 재임 기간 중 가장 괴로웠다는 미국 샌디훅 (Sandy Hook) 총기 난사 사건[43] 이후에 나온 총기 사고 예방 광고이다. 빤히 보이지만 우리 눈에 가려져 있어 더욱 오싹하며 경각심을 불러일으키는 반전이다.

◆

같은 말도 누가 말하느냐에 따라 달라진다

데이비드 코프(David Cope)는 캘리포니아 대학교 산타바바라 캠퍼스에서 오랫동안 음악 교수로 재직했다. 작곡가이자 음악 관련 저술을 숱하게 남긴 그가 개척자로 나중에는 자신의 세부 전공으로 자부한 분야가 있다. 바로 알고리즘에 기반하여 인공지능을 이용한 작곡이었다. 인공지능을 활용해 만든 곡의 경우, 연주회

전에 그 사실을 공표했다고 한다. 그가 만든 인공지능 프로그램 하나에 '에밀리 하웰(Emily Howell)'이라고 이름 붙였다. 부러 사람 이름처럼 붙인 것인데, 안내 책자의 작곡가 소개에 꼭 '에밀리 하웰은 인간이 아니다'라고 명기를 했다. 에밀리 하웰로 다양한 양식을 실험했다.

캘리포니아의 산타크루즈에서 열린 어느 공연의 연주회 소개 책자에 '에밀리 하웰은 인간이 아니다'라는 문구를 실수로 빠뜨렸다. 그냥 작곡가 이름이 정말 사람인 '에밀리 하웰'인 것처럼 표기가 되었다. 그 연주회가 끝난 후에 어떤 화학 교수이자 음악 애호가가 에밀리 하웰의 곡을 들은 이 연주회가 자신의 음악 인생에서 가장 감동적인 순간 중 하나였다고 말했다. 6개월 뒤 그 교수는 에밀리 하웰을 설명하는 코프의 강연을 들으러 왔다. 그런데 그 교수는 연주회 실황을 녹음한 음악을 듣고는 이렇게 말했다. 자신이 참석해서 들었던 바로 그 연주회의 실황이었다.

"꽤 좋은 음악이기는 하지만 듣자마자 컴퓨터로 작곡된 곡이라는 것을 확실히 알 수 있었죠. 이 작품에는 감정도 영혼도 깊이도 없어요."[44]

넷플릭스 오리지널 다큐멘터리에 〈아메리칸 팩토리(American Factory)〉라는 작품이 있다. 자동차 유리를 제조하는 중국 기업이 미국의 옛 GM 공장을 개축한 후에 완공식을 준비하며 플래카드를 붙였는데, 미국 경비원 하나가 영어를 잘못 썼다고 지적

한다. 'MARCHING FORWARD TO BE WORLD / LEADING AUTOMOTIVE GLASS PROVIDER'란 문구였다. 'WORLD'에 어퍼스트로피 'S'를 붙여서 '세계의'가 되어야 한다는 얘기다. 문법적으로 경비원의 지적은 옳다. 그런데 중국 기업이라 더 민감하게 반응한다는 느낌을 받았다.

미국 주재 시절에 좌담회 형식의 조사에서 미국인들을 대상으로 몇몇 기업들의 슬로건을 보여주면서 어떻게 생각하는지 물어본 적이 있다. '창의적이다', '무엇을 하는 기업인지 모르겠다' 식의 슬로건 내용이나 형식에 관한 전형적인 의견들이 나왔다. 다른 그룹에는 한국과 일본 기업들의 슬로건이라고 했다. 그러자 '표현이 어색하다', '문법이 틀렸다' 등등의 영어 자체가 이상하다며 문제들을 지적했다.

중국 소재 법인에 근무하는 중국인 직원들과 인터뷰한 녹취 파일을 잘 아는 친구에게 맡겨서 번역한 적이 있다. 우리 본사의 친구가 출장을 나가서 물어보고 중국 법인에 있던 주재원들이 통역을 맡았다. 번역을 맡은 친구가 작업을 끝낸 후에, 농담조로 '우리 주재원들 중국어 실력이 어떠냐'고 물으니 모두들 아주 잘한다고 하면서 이런 말을 덧붙였다.

"법인장님보다는 젊은 편인 직원 주재원들이 중국어를 더 잘해. 그런데 중국인 직원들은 법인장의 성조가 틀린 중국어는 딱딱 알아듣고 대답을 하는데, 자신과 비슷한 직급의 주재원의 중국어는 성조가 훨씬 명료한데도 '잘 못 알아듣겠다'고 불평을 하거나 다시 말해달라고 하는 거야."

메시지의 창조자나 발신자가 누구인지에 따라서 같은 문구라도 다른 커뮤니케이션 효과가 나온다. '매너가 신사를 만든다(Manners maketh man)'라는 〈킹스맨〉의 명대사를 약간 비틀어 표현하자면 '직위가 소통을 좌우한다(Positions make communications)'라고나 할까. 직급을 비롯해 본질과 직접적인 관련이 없는 것들이 진실을 제대로 파악하는 것을 가리고 왜곡된 반전을 만들기도 한다.

◆

후퇴라 쓰고 전진이라 말한다

중국 역사상 3대 여걸이라고 불리는 여인들이 있다. 우연의 일치인지 천 년의 간격을 두고 나타나서 천하를 주물렀다. 멀리 기원전 200년경 한(漢)을 진(秦)에 이어 천하의 주인으로 만든 한고조 유방의 부인 여태후(呂太后)가 그 첫 번째이고, 서기 700년을 전후하여 중국 역사상 전무후무한 여제(女帝)의 족적을 남긴 측천무후(則天武后)가 그 두 번째이다. 그녀는 당태종의 후궁이었으나 태종의 죽음 이후 절로 쫓겨나 비구니가 되었다가 고종(高宗)의 비(妃)로 극적인 변신을 하며 나타났다. 그리고 고종의 사후에는 몇 명의 황제를 맘대로 자리에 앉혔다가 결국 자신이 주(周) 왕조를 개창했다.

세 번째 여걸이 중국 청나라의 마지막 50년을 장식하며 궁궐 내의 암투와 그에 따른 정적의 살해, 사치와 기행으로 전설과 같은 인물로 남은 자희태후(慈禧太后)라고도 불리는 서태후(西太后)이다. 여태후나 측천무후는 워낙 오래전 인물이라 남아 있는 사서(史書)도 많지 않고, 현재에 느끼는 실감도도 떨어진다. 그렇지만 서태후는 지금의 중국을 얘기하는 배경 인물로 등장할 정도로 깊은 연관이 있기에, 그에 관한 기록들을 여러 방면에서 쉽게 접할 수 있다. 예를 들면 '마지막 황제'인 선통제(宣統帝) 푸이(溥儀)를 제위에 올린 인물이 바로 서태후이다. 극적으로 직전 황제인 광서제(光緒帝)가 죽기 며칠 전에 푸이를 후계로 결정했고, 황제가 죽은 다음 날 서태후도 죽음을 맞이했다.

그런 서태후의 시대를 공식적으로 기록한 사서에 '경자서수(庚子西狩)'라는 구절이 나온다. 문자 그대로 해석을 하면 '경자년에 서쪽으로 사냥을 갔다'는 뜻이다. 그런데 서태후 시절의 경자년이라면 1900년을 말하는데, 서구 세력, 특히 선교사들과 중국의 기독교 신자들을 집중적으로 공격한 '의화단(義和團) 사건'으로 북경을 중심으로 한창 피비린내가 진동을 하고, 편견에 가득 찬 오리엔탈리즘 영화의 대표작이라고 할 수 있는 〈북경의 55일〉[45]에 보이는 것처럼 미국을 비롯한 6개국 연합군이 북경을 쑥대밭으로 만들었던 바로 그해이다.

　서태후도 의화단이 떨치고 일어선 초기에만 하더라도 관망하는 자세를 취하다가, 의화단이 북경을 압박해오면서는 공개적으로 의화단을 지지했고, 6개국 연합군이 북경을 향해 밀어닥치자 황망히 황제까지 대동하고 서안으로 도망을 갔다. 사서에서 '서쪽으로 사냥을 갔다'는 것은 바로 그 도주를 일컫는 것이었다. 자고로 중국에서는 황제가 난리를 피하여 궁문을 나서서 도망하는 것을 '사냥을 간다'고 표현하기도 했다. 하긴 황제의 이름과 같은 자가 있는 것만 해도 휘자(諱字)라고 피해 피휘(避諱)한다고 하는데, 그런 황제에게 '도망을 간다' 식의 무엄한 용어를 쓸 수는 없는 노릇이었을 게다. 피휘가 어느 정도 심각한 일이었는가 하면 1908년 푸이가 선통제로 제위에 올랐을 때, 1911년 신해혁명 후에 중화민국 최초의 총리를 지낸 탕사오이(唐紹儀)는 마침 미국 출장 중이었다. 탕사오이가 푸이의 등극 소식을 듣고 제일 먼저 한 일이 본국 정부에 자기 이름의 마지막 자인 '儀'를 같은 발음의 '怡'로 바꾼다는 사실을 알린 것이었다.

　제2차세계대전까지의 일본군을 보면 작전명령서에 '후퇴'라는 단어를 쓰지 않았다. 적군들의 움직임을 표현할 때는 '후퇴' 혹은 '패퇴(敗退)'라는 단어를 남발하다시피 했지만, 자신들에게는 절대 사용하지 않았다. 대신 그들은 방향을 바꾸어 나아간다는 뜻으로 '전진(轉進)'이라고 썼다. 보통 우리가 쓰는, 그리고 '나아갈 진(進)'

과 어울리는 '전진(前進)'과 헷갈릴 수밖에 없다. 일본어로는 '젠신(前進)'과 '텐신(轉進)'으로 발음 차이가 그나마 좀 나지만 우리말로는 같다. 그래서 한국전쟁 때 일본군 출신의 한국군 상사가 내린 '후방 XX지점으로 전진하라'는 명령을 받고 어리둥절해하거나, 어떤 경우는 무작정 정말 앞으로 전진하는 웃지 못할 에피소드도 발생하곤 했다.

공사는 정치에 대하여 말씀하면서 정명(正名)을 강조했다. 이 정명이란 것은 실제와 그 나타나는 바, 이름을 일치시켜야 한다는 뜻과 '임금은 임금다워야 하고, 신하는 신하다워야 하고……'에서 나타나는 것처럼 명분이나 지위에 걸맞은 행동을 해야 한다는 2가지 갈래로 해석될 수 있으나, 실상 이 둘은 또 서로 연계되어 있다. 서태후나 일본 군대에서 보이는 예들은 두 번째의 정명을, 어떤 지위에서는 모름지기 어때야 한다고 해석하여 그것이 첫 번째의 정명을 어지럽힌 경우이다. 거기에는 사서를 읽을 후세나 작전 명령을 받을 군인들에 대한 배려는 전혀 없이 황제로서, 대일본군으로서의 체면만을 고려했다. 그래서 당시에는 일시적으로 체면을 세웠는지는 몰라도, 정치에 실패했고, 결국 후세의 비웃음을 사고 있다.

◆

누구를 향한 경고문인가

"이건 싹 외워야 해. 대입 시험에 안 나온 적이 없어."

고등학교 3학년에 올라가자마자 고교 국어 교과서 첫 꼭지가 바로 기미독립선언문이었다. 국어 선생님께서 위 말씀과 함께 학기를 시작하셨다. 현대문이라기보다는 고문(古文)에 가까웠다. 그때 사람들이 정말 이런 한자투성이 문장을 썼을까 의문이 생겼다. "吾等은 玆에 我朝鮮의 獨立國임과 朝鮮人의 自主民임을 宣言하노라(오등은 자에 아조선의 독립국임과 조선인의 자주민임을 선언하노라)"라는 첫 문장은 아마 정상적으로 고교를 다닌 이라면 기억하고 있으리라. 이 문장부터 왜 굳이 이렇게 조사 빼고는 모두 한자로 썼을까 회의감이 강하게 들었다.

이 독립선언문을 쓴 이는 잘 알려진 대로 최남선(1890~1957)이다. 중고교 국어 교과서에서 우리는 최남선을 몇 차례 만났다. 최초의 신체시라는 〈해에게서 소년에게〉는 서울시 지하철 우리 동네 스크린도어에까지 새겨져 있다. 또한 《소년》(1908년 창간)과 《청춘》(1914년 창간)이란 근대적 잡지를 창간한 출판인으로도 잡지 제호와 함께 외워야 할 이름이었다.

1910년 전후에 일본 수도 도쿄에 유학한 조선 학생들 중에 3명의 천재가 있다면서 그를 일컬어 '동경삼재(東京三才)'라고 했다.

위에 얘기한 최남선, 한국 현대소설의 개척자인 이광수, 소설
〈임꺽정〉의 홍명희가 바로 그 주인공이다. 나중에 이들을 '조
선 3대 천재'라고 부르는 이도 있었다. 어쨌든 그런 재주를 지
닌 최남선이 쓴 독립선언문을 두고 민족대표 33인 중의 1인이
기도 하고, 서예가에 금석문 연구가로 이름이 높은 위당 오세창
(1854~1953)이 이렇게 말했단다. 최남선으로서도 오세창이 그
랬다면 별말이 없었을 듯하다.

"요즘 젊은 애들이 한문을 몰라서 큰일이야."

불길처럼 퍼지는 독립 물결을 두고 당시 일본 총독부의 기관
지였던 〈매일신보〉에 '경고문'이란 제목으로 아래와 같은 내용의
얘기를 했던 이가 있었다. 한 선배가 현대문으로 고친 버전을 보
내주었다.

최근 들어 불법 폭력시위가 일어나고 있습니다.

제 생각에는 선량한 시민과 학생들이 불순한 일부 무리의 선동
에 휘말려 이러한 일이 발생하는 것 같습니다. 일부 사람들은 다
른 나라의 사례를 가져와 정부를 비판하는데 우리나라의 상황에
대한 이해 없이 무조건적인 대입은 틀린 이야기입니다.

평화시위가 아닌 불법 폭력시위에 정부는 다른 시민들에 대한
무고한 피해를 막기 위하여 진압을 할 수밖에 없습니다. 정확한
진실을 알아보려는 노력도 없이 단순한 군중심리와 감정에 휩쓸

려 시위를 하는 것은 옳지 않습니다. 정부의 정책에 일부 불만은 있을 수도 있겠지만, 우리나라는 틀림없이 발전하고 있습니다.

시민들의 요구는 정부에서 이미 연구 중인 부분이 많으므로 불법 폭력시위로 혼란을 조장해서는 안 될 것입니다. 차라리 부단한 자기계발을 통해 더욱 윤택한 삶을 누리는 데 집중하는 게 더 좋을 듯합니다.[46]

1980년대 독재정권 시대에 위의 문장을 읽고, 당시 정부나 주요 언론에서 발표하는 글들과 너무나 비슷하다며 쓴웃음을 지었다. 위의 글을 무려 3차에 걸쳐 발표한 이가 이완용(1858~1926)이란 건 사실 반전도 아니다. 그런 자신의 행태는 뒤로 가린 글이 똑같은 형태로 몇십 년, 백 년 후까지 쓰임이 있고 반복되어 나오고 있다는 게 반전이다.

Reverse

도치

거꾸로 바꾸다

08 [倒置]

◆

거꾸로 보면 방향이 달라진다

금수(錦繡)로 굽이쳐 내리던

장백(長白)의 멧부리 방울 뛰어

애달픈 국토의 막내

어느 시인이 이렇게 묘사한 곳은 어디일까? 예전에 고교 국어 교과서에도 나온 시의 한 대목이다. 백두산부터 남쪽으로 내리던 산맥의 한 봉우리가 뛰어서 형성된 섬을 소재로 한 청마 유치환의 〈울릉도〉47이다. 처음 이 시를 배울 때 왜 제주도가 아니고 울릉도를 소재로 삼았을까 의문이었다. 해방 공간에서의 어지러운 시절이라 일본을 염두에 두었던 것일까. 좌우 대결의 와중에 제주도를 언급하기에는 너무 위험했던 것일까.

시인은 "자나 새나 뭍으로 뭍으로만 향하는 그리운 마음"에 "어린 마음의 미칠 수 없음"이 간절할 수밖에 없는 운명이라고 한다. 그래서 "동쪽 먼 심해선(深海線) 밖의 한 점 섬 울릉도"라고 규정한다. 힘 있는 웅혼한 언어와 시풍의 유치환 시인이었지만 그에게 동쪽의 끝은 울릉도였다. 그마저 심해선을 넘어서 있는 존재였다. 남쪽으로 향했을 때 그의 시선은 제주도에서 멈췄을 것이다.

대부분의 한국인들이 대한민국의 지도를 그리거나 생각할 때 남쪽의 끝으로 제주도를 고정한다. 그리고 제주도의 시선도 울릉도를 그린 시에서 보듯 '육지'라는 북쪽을 향해 그리움을 바탕으로 한 선망을 담고 있으리라 생각한다. 책날개의 "일본의 실패를 곱씹어라!", "저성장 시대, 한국 기업이 살아남는 법"이란 문구들이 훨씬 가슴에 와 닿고 잠재적 독자들을 끄는 힘이 있던 책《저성장 시대, 기적의 생존전략 — 어떻게 돌파할 것인가》(김현철 지음, 다산초당, 2015)에 실린 지도 하나를 보기까지는 그랬다.

한국이 해양국가임을 강조하기 위하여 보통 우리가 보던 지도를 거꾸로 하여, 남쪽을 위로 가게 했다. 사람의 시선은 좌에서 우로, 그리고 위에서 밑으로 간다. 지도를 볼 때면 대개 중국의 북부와 러시아 블라디보스토크 쪽에서 한반도 북부 밑으로 우리의 시선이 훑고 갔다. 그리고 거개 제주도에서 멈춘다. 그러나 이렇게 거꾸로 하니 제주도가 중심에 있고, 그 앞으로는 태평양에서 남지나해를 지나 인도양이 어른거릴 정도이다.

이 지도를 널리 보급한 인물로 원양어선 선장 출신의 동원그룹

김재철 회장이 꼽힌다. 지도를 거꾸로 봤을 때 오는 변화를 그는 이렇게 설파한다.

"한반도는 더 이상 유라시아 대륙의 동쪽 끄트머리에 매달린 반도가 아니라 유라시아 대륙을 발판으로 삼고 드넓은 태평양의 해원을 향해 힘차게 솟구치는 모습입니다."

'거꾸로 지도'는 2017년 해양수산부 장관이 국무회의에서 소개하면서 더욱 화제가 되어, 각 부처에 대대적으로 배포되기도 했다. 이후에 어떤 실질적인 효과가 났는지는 모르겠으나, 최소한 관념 속의 영역을 확대했으리라 확신한다. 시선을 문자 그대로 원래의 것에서 거슬러(反) 돌리면(轉) 어떤 변화가 일어날 수 있는지 확실하게 보여주는 사례이다.

뒤집으면 해석이 달라진다

정장을 입지 않아도 진지해질 수 있어.(You can be serious without a suit.)

구글의 사내 표어라고 한다. 구글다운 말이다. 그런데 반대로 정장을 입어야 할 이유도 이걸 뒤집어보면 나온다.

정장을 입으면 진지해 보일 수 있어.(You can look serious with a suit.)

'집 근처 공원이 있는 게 결혼의 3분의 1, 취업의 10분의 1 정도의 행복감을 가져다준다'라는, 어떻게 조사를 했을까 싶은 내용을 공중파 TV 뉴스에서 보도했다. 공원이 그만큼 중요하다는 걸 알리려 한 것 같다. 그런데 그걸 본 취준생 아들이 말했다.

"취업을 하면 집 근처 공원이 있는 것보다 10배 더 행복하군요. 취업의 기쁨은 정말 크군요."

보는 각도에 따라 다르게 해석하고 다른 의미를 끄집어낼 수 있다. 한 발 더 나아가 취업이 결혼보다 3배 이상의 행복감을 준다는 얘기도 성립한다. 반대로 취업이 안 될 때, 실직했을 때의 아픔은 집 근처 공원이 사라지는 것의 10배나 된다는 말도 가능하다. 이 기사를 두고 반농담조로 대화를 하니 이런 말도 나왔다. 보도에서 원한 방향과는 완전히 다른 식이다.

"취업 안 되는 이태백과 결혼 못 한 노처녀 노총각이 수두룩한 이 마당에 집 앞 공원 없어지는 건 아무것도 아니다."

어느 기혼여성은 '결혼이 취업의 3분의 1이나 행복하다고?'라고 반문을 제기했다. 그 여성의 이의 제기에 수긍하는 여성들이 많았다.

1960년대 중반에 '왜 꼭 인간을 우주선에 태워야 하는가'라는 문제가 대두되었다고 한다. 그에 대한 미국항공우주국의 반론 요체는 이러했다.

"인간은 비선형 처리가 가능한 가장 값싼 범용 컴퓨터 시스템이며, 심지어 중량이 70킬로그램 정도로 매우 가볍기 때문이다."[48]

가성비가 좋고 가벼워 컴퓨터 대신에 인간이었다는 얘기다. 그런데 이를 뒤집어보면 컴퓨터가 가벼워지고 성능이 개선되어 가격이 저렴해지면 인간은 빼고 컴퓨터만 태울 수 있다는 얘기다. 로봇과 인공지능이 인간의 일자리를 뺏는 부문에서 현실로 나타나고 있지 않은가. 반전시키면 새로운 해석이 가능하다. 거기서 멋진 창의성이 발현되기도 한다.

◆

고양이 목이 아닌 쥐 목에 방울 달기

'고양이 목에 방울 달기'는 거의 모든 사람에게 익숙한 표현이다. 이를 완성된 이야기 형태로 본 건 중학교 2학년 때 영어 교과서였다. 교과서에 나온 제목은 기억나지 않는데 영어권에서 쓰는 'bell'을 동사로 활용한 'Who will bell the cat'과는 다른 식이었던 것 같다. 한자로는 '고양이 묘, 머리 두, 걸 현, 방울 령'을 써서 '묘두현령(猫頭懸鈴)'이라고 쓴다.

중학교 영어 교과서에 실린 그 이야기에서 확실하게 기억에 남는 표현은 'Here comes the cat'이었다. 시험 문제로 선생님께서 '고양이가 온다'를 영작하라는 문제를 냈는데, 당시 비틀즈 음악에 빠지던 시기여서 그들의 히트곡 '히어 컴즈 더 선(Here comes the sun)'이 생각나 교과서로 공부한 것과 상관없이 자신 있게 썼다.

쥐들이 고양이 목에 방울을 달자는 아이디어를 내놓고 모두 좋아했는데, 막상 누가 그 방울을 달 것인가로 넘어가면 모두 선뜻 나서지 못하는 그런 상황이 얼마나 많은가. 그런 행동으로 넘어갈 때 비굴하거나 무기력한 상태의 표현을 약간 비튼 인물이 있었다. 어느 정치인이 술자리에서 이런 질문을 후배들에게 했다고 한다.

"묘두현령은 모두 알 터인데, 그럼 서두현령(鼠頭懸鈴)은 아는가?"

'쥐 목에 방울을 단다'는 표현에 모두가 어리둥절했다. 그가 후배들에게 해준 풀이는 다음과 같았다.

'묘두현령'의 명제가 아마 몇백 년이 넘었을 것인데 해결의 기미가 없자, 어린 쥐가 자기가 해결하겠다고 나섰단다. 모두 놀라면서 얕잡아보고 조롱했다. 그런데 이 어린 쥐가 자기 목에 방울을 다는 게 아닌가.

"이 녀석아, 고양이 목에 방울을 달라고 했지 누가 네 목에……, 쯧쯧." "형님들 두고 보시오." 그러고는 밖으로 나갔다. 미구에 고양이를 마주치자 그 어린 쥐, "고양아, 나하고 맞상대하자"고 도전했다. 놀란 고양이, "너, 술 먹고 해롱해롱하는 모양인데, 술 깨고 보자"고 관용을 베풀었다. 그러나 "깨면 또 먹지" 하는 등 끝까지 약을 올리며 대드니 화가 치민 고양이가 어린 쥐를 날름 삼켜버렸다.

그 후부터 고양이 배 속에서 방울 소리가 계속 들려오고, 쥐들은 모두 안전하게 숨을 수 있게 되었다는 이야기다. '묘두현령'을 해결하려던 목적을 '서두현령'으로 해결한 셈이다.

이 이야기를 한 정치인은 1950년대에는 자유당에 맞섰던 민주당, 이후는 혁신계 사회당 계열의 대표적 인사였고, 1970년대에도 야당 인사로 명망이 높았다. 그런데 1980년대에 군부 독재의 연장선상에서 태어난 당시의 집권 여당 인사로 변신하여 실망했다고 하는 사람들이 많았다. '묘두현령'의 한 글자만 '서두현령'으로 바꾸며, 그는 나름 자신의 변신을 비유적으로 합리화하는 시도였다고 한다. 이를테면 호랑이를 잡으러 호랑이굴로 들어갔다고나 할까.[49] 얼마나 성과를 거두었는지는 모르겠으나 표현으로는 멋진 반전이었다.

◆

웩더독, 흔들림의 반전

마케팅을 업으로 하는 사람들 중 상당수가 다음 해 연도가 제목에 붙은 트렌드 서적들이 출간되는 것을 보면서 한 해가 간다는 것을 실감한다. 12간지를 채우고 다시 돼지해를 맞아 '돼지꿈(Piggy Dream)'이란 키워드를 들고 나왔던 김난도 교수의 《트렌드 코리아 2019》에 '3신 가전'이란 신조어가 나왔다. 원래 'TV, 냉장고, 세탁기'를 '3대 가전제품'이라고 불렀는데, 새로운(新) 3대 가전제품으로 '로봇청소기, 식기세척기, 빨래건조기'를 꼽는다고 한다. 그런데 '신'이란 한자를 'God'을 뜻하는 '神'으로 쓰기도 한다. 집안일을 줄여주는 신기(神器)와 같은, 또는 신의 선물과 같은 기기라 해서 그리 부른다.

3가지 신기 중에서도 특히 로봇청소기는 단순한 가전제품을 넘어서 의인화까지 되어, 집 안의 반려동물이나 '귀요미'와 같은 대접을 받는다고도 한다. 우리 집에서도 로봇청소기가 소파에 걸려 계속 같은 자리만 맴돌자 아내가 "아고 이런, 너 왜 거기서 그러고 있니"라고 하면서 빼주었다. 이후 그런 상황이 되풀이되자 아들이 꺼내주며 말했다. "이놈이 요즘 갈수록 요령을 피워요." 가전제품을 두고 말하는 것처럼 들리지 않는다. 여차하면 이름을 지어줄 태세다. 한 지인이 자신의 집에는 소파가 너무 낮아서 로봇청소기가 들어가지 못하여, 아예 소파를 바꾸어버렸다고 했다. 몇십만 원짜리 로봇청소기를 위하여 몇백만 원짜리 소파를 새로 산 것이다.

《백과전서》로 유명한 프랑스의 계몽주의 철학자 드니 디드로(Denis Diderot, 1713~1784)가 친구에게 집 안에서 입는 가운을 선물받았다. 가운이 진홍색이라고 했으니 서재에서 무진장 돋보였을 것이다. 그래서인지 서재의 책상을 포함한 가구나 커튼 등을 가운에 맞춰 바꾸었다고 한다. 작은 소품이라도 갖게 되면, 그에 맞춰 다른 큰 것들까지 장만하게 되는 그런 심리를 '디드로 효과'라고 한다. 또는 그렇게 작은 것을 샀는데, 그 때문에 더 크고 비싼 것을 사야 하나 고민하는 것을 '디드로 딜레마'라고 한다.

비슷하게 '웩 더 독(Wag the Dog)'이란 영어 표현이 있다. 완전한 문장은 'The tail wags the dog'으로 '개가 꼬리를 흔들다'인데, 개와 꼬리를 도치하여 '꼬리가 개를 흔들다', 즉 '부분이 전체를 흔들어버린다'로 '배보다 배꼽이 크다' 또는 뭔가 '거꾸로 되어있다'라는 뜻으로 쓰인다.

'웩 더 독'은 1997년에 나온 동명의 영화로 유명해졌다. 구글로 'wag'이란 단어만 검색창에 써도 바로 이 영화가 나온다. 로버트 드 니로와 더스틴 호프만이라는 당대 최고의 두 배우가 주연을 맡았다. 대선을 앞두고 섹스 스캔들을 일으킨 대통령에 대한 관심을 다른 쪽으로 돌리기 위하여 할리우드의 제작자를 고용하여 쇼처럼 진짜 전쟁을 일으킨다는 내용이다.

김난도 교수의 《트렌드 코리아 2018》은 개의 해를 맞아 키워드로 'Wag the Dog'을 뽑아 책 표지를 장식했다. 어느 트렌드 주제의 좌담회 자리에서 내가 로봇청소기 때문에 소파를 바꾼 사람의 행위를 두고, 디지털 시대의 '웩 더 독'이나 '디드로 효과'의 일종이라고 했다. 귀요미 로봇청소기를 둔 이들이 크게 고개를 끄덕였다. 개가 꼬리를 흔드는 너무나 자연스러운 행동을, 주(主)와 부(副)를 반대로(反) 바꾸어서(轉), 문자 그대로 반전의 효과를 낸 표현이다. 여기서 더 나아가 어느 금융 컨설턴트는 주력 분야가 아닌 꼬리 부분에 있는 다수의 투자처가 수익 전체를 좌우한다고 'Tails, You win'[50]이라는 표현까지 썼다. 고정된 배열의 도치, 곧 고정관념의 탈피에서 반전은 시작된다.

◆

희망으로 가득 찬 절망이 꽃피는 나라

> 허리 휜 껌이 다가와 할머니를 이백 원에 팔고 감
>
> — 〈후보선수〉(함민복) 중에서

숙취에 젖은 어느 날 아침, 침대에 누워 함민복 시인의 시집을 별 생각 없이 들추다 위의 시를 보고 피식 웃다가 벌떡 일어나 앉았다. 소름 한 줄기가 등을 타고 내려갔다. 보기 힘들어진 지 한참 되는 것 같은데 예전에는 거리에서나 술집이나 식당에서 거의 막무가내로 껌을 파는 사람들이 많았다. 특히 허리 휜 할머니들이 불쑥 내미는 껌들은 껌마저 힘들어하는 표정을 짓고 있는 듯했다. '파는 인간과 팔리는 상품'의 일체감이라 표현하기에는 서글픔과 미안함이 껌을 산 연후에도 남아 있었다. 그 미묘함을 '파는 인간과 팔리는 상품'의 도치를 통하여 나타낸 표현에 나도 의식하지 못한 새에 헛웃음이 가볍게 나왔던 것이다. 그런데 웃음의 여운이 끝나기도 전에 정말 팔린 것은 할머니일지도 모른다는 생각이 들었다. 등 뒤로 한 줄기 소름이 지나가고, 등골이 오싹해지기까지 하는 그런 전도(轉倒) 현상이 함민복 시인의 광고를 소재로 한 시에서 쉽게 또 눈에 띈다.

열한 가지 특제 양념과
정성으로 여러분을 요리하겠다고
티브이 광고까지 하는
지팡이 들고, 안경 쓰고, 가늘고 검은 넥타이 MAN
 - 〈켄터키후라이드 치킨 할아버지〉(함민복) 중에서

'열한 가지 특제 양념과 정성'은 '여러분'이란 소비자들을 위한 요리에 쓰는 것이었는데, 결국 요리되는 대상을 보니 소비자이다. 광고에 무방비로 노출되면서 광고가 보여주는 세계와 실제 세계의 구분이 허물어져 버린다. 그리고 그 광고를 전달하는 TV는 리모컨으로 나에 의해 작동하는 것이 아니라, 그 자체가 나를 작동시키는 리모컨이 된다. 나의 지배자가 되어버린다.

실감한다, 허구의 세계가 또 하나의 허구의 세계를 만들어
두 세계의 벽 허물기를 통해
허구와 실제의 벽 허물기 체험을 무의식에

강요하고 있는 산업사회의 무서운 꽃 광고를. 나는

보기 싫어 리모컨을 누르다 경악한다, 이미 허물어진 벽.

티브이가 리모컨이 되어 내 머리통을 작동시키고 있었구나.

– 〈엑셀런트 시네마 티브이 · 2〉(함민복) 중에서

마침내는 이런 광고의 세계를 예찬해야 하는지, 그 앞에 절망해야 하는지 살피를 잡지 못한다.

아아 광고의 나라에 살고 싶다

사랑하는 여자와 더불어

행복과 희망이 가득 찬

절망이 꽃피는, 광고의 나라

– 〈광고의 나라〉(함민복) 중에서

반전도 넘어버린 광고가 일으키는 이 자아분열과 환각을 어떻게 해야 할까. 정체성이 잡히지 않은 상태에서 일방적 광고가 일으킨 변란이다. 광고만의 문제일까. 이런 반전을 통해 지나친 상업과 기술의 범람에 경고하는 반전 효과는 확실하게 내고 있다.

◆ 더 룩, 겉모습의 고정관념 뒤엎기

30대 초중반으로 보이는 흑인 남성이 잠에서 깨어 게슴츠레 눈을 뜬다. 잠이 덜 깬 탓도 있겠지만, 뭔가 혼란스럽고 걱정스러운 눈빛이다. 곧 장면이 바뀌어 그가 유치원생이나 초등학교 저학년으로 보이는 아들과 장난을 치거나 농담을 하면서 학교에 데려다주고, 옷을 사러 의류 상점에 들르고, 식사를 하러 식당에 간다. 아주 평범한 일상이다. 그런데 그가 가는 곳곳에서 이상한 시선이나 움직임을 감지한다.

남성의 아들과 비슷한 나이의 딸을 차에 태우고 가던 백인 엄마는 딸이 그의 아들에게 손을 흔들자 황급히 차 창문을 올려버린다. 제법 고급스러워 보이는 의류 상점에 그가 들어가자 종업원들이 그를 어떻게 대해야 할지 모르며 당황한 모습을 보인다. 손님으로 맞기보다는 언제 강도로 돌변하여 해칠지 모른다는 두려움이 얼굴에 나타나기도 하고, '돈이 없는 당신 같은 사람들이 올 데가 아니야'라고 말하는 것 같기도 하다. 식당에 온 손님은 종업원이 그의 옆 테이블로 안내를 하자 망설이다가 다른 쪽으로 간다. 아들과 함께 수영장에서 장난을 치며 물놀이를 하는데, 그곳에 있는 백인 아이들과 부모로 보이는 이들 아무도 그들 옆에 오지 않는다.

갑자기 화면이 전환하면서 권위 있어 보이는 두꺼운 나무를 댄 문이 열린 것을 보니 재판정이다. 판사의 입장을 알리며 재판정에 있는 모든 사람들이 판사에 대한 경의를 표하기 위하여 일어난다. 이상한 시선들과 꺼리는 몸짓에 부딪혔던 흑인 남성이 바로 판사이다. '외모의 한계를 넘기 위해 외모 얘기를 해봅시다(Let's talk about the look so we can see beyond it)'란 태그라인이 뜬다. 겉으로 보이는 피부색이나 인종 특성에 따른 편견 때문에 어떤 일이 벌어지는지 서로 얘기하여 고쳐나가자는 메시지를 전한다.

재판정을 무대로 한 드라마나 영화를 보면 흑인은 의당 피고석에 서 있든지, 걱정 가득한 표정으로 피고의 가족석에 있을 거라고 생각하지 않던가.[51] 이런 고정관념을 뿌리 깊게 담고 있는 표현이 있다. "거기는 당신이 있을 곳이 아니야.(You don't belong there.)" 아마 KKK[52] 단원이라면 판사석의 흑인을 보고 손가락질을 하며 그렇게 외칠지 모른다.

이보다는 좀 더 밝고 가볍게 비슷한 반전을 담았던 광고가 2000년 전후에 한국에서 나왔다. 'KTF적인 생각이 대한민국을 바꿉니다'라는 태그라인과 함께 선보였던 캠페인이 있다. 고급 승용차의 뒷좌석에 넥타이를 매고 근엄한 표정으로 서류를 보는 듯한 전형적인 사장님 포스의 장년 남성이 그 차 옆으로 청바지에 무릎 보호대를 차고 롤러블레이드를 타고 지나가는 청년을 보고 혀를 끌끌 찬다. 세상물정 모르는 철부지를 보는 표정이다. 장년의 남성이 어느 회사의 사장실 앞에서 옷매무새를 고치고 자세를 잡는다. 뭔가 거래를 트거나 부탁을 하러 온 것 같은 분위기다. 그가 안내를 받아서 들어간 사장실 책상에 그와 지나쳤던 청바지 입고 롤러블레이드를 타고 가던 청년이 앉아 있다. '넥타이와 청바지는 평등하다'로 회자되었던 광고이다.

이 캠페인의 일환으로 수염 기른 장년의 남성이 대학 강의실에 들어와 모두 교수님인가 보다 하고 자리에 앉는데, 장년 남성은 학생이었고, 젊은 교수가 강단에 서는 '나이는 숫자에 불과하다' 편도 나왔다. 모두 외모(The look)에 기인한 고정관념을 반전시키는, 이제 전설이 된 광고들이다.

잔잔하면서도 반전을 보여주는 P&G의 '더 룩(The Look)' 캠페인 작품은 2019년 칸국제광고제[53]에서 처음 공개되었다. 집행되었던 광고를 놓고 경합을 벌이는 곳을 새로운 광고를 선보이는 자리로 이용했다. 광고의 소재인 인종 문제, 구체적으로 흑인에 대한 차별의 심각성에 그만큼 주의를 기울이고 있다는 걸 극적으로 연출했다. 인종차별에 반대하며 미국 국가에 경의를 표하지 않았다고 해서 미국 프로 미식축구계에서 배척된 콜린 캐퍼닉(Colin Kaepernick)을 내세운 '드림 크레이지(Dream Crazy)'[54]가 '더 룩'이 선보인 바로 그 장소 칸에서 그랑프리를 획득하며 인종차별 문제가 광고계도 비켜 갈 수 없는 이슈로 자리 잡았다. '더 룩' 캠페인의 반전 효과도 극대화되었다.

09 Overstate

과장

터지도록 부풀리다

[誇張]

불가능의 가능성, 달을 향한 문샷

1962년 9월 12일(미국 기준) 미국의 남부 텍사스주의 휴스턴 시는 한여름보다도 더 무더웠다. 그런데도 라이스 대학의 풋볼스타디움에는 3만 5천여 명에 이르는 인파가 운집했다. 정장을 입고 넥타이를 맨 연단의 귀빈들까지 연신 팸플릿으로 부채질을 해대는데, 검은색 양복과 가는 넥타이가 멋들어지게 어울리는 연사는 땀 한 방울 흘리지 않는 것 같은 모습에 또박또박한 뉴잉글랜드 발음으로 사자후를 토하며 청중들을 휘어잡고 있었다.

"우리는 이번 60년대가 끝나기 전에 달에 인간을 보내기로 했습니다."

이 문장을 들어 만든 영어인 이른바 '문샷(Moonshot) 프로젝트'로 존 F. 케네디의 라이스 대학 연설을 사람들은 기억한다. 비전(vision)이나 미션(mission)을 사람들에게 설득력 있게, 이해하기 쉽게 전달한 대표적인 사례로 언급한다. 실제로 1970년대로 넘어가기 직전인 1969년 7월에 아폴로 11호가 달에 착륙하면서 케네디의 공약은 극적으로 실현되었다. 우리가 잘 알다시피 유감스럽게도 연설의 주인공인 케네디 대통령은 라이스 대학 연단에 선 1년 2개월 후인 1963년 11월 같은 텍사스주의 댈러스에서 피격 사망하며 영광의 순간을 함께하지 못했다. 그런데 워낙 연설이 극적이고, 이어진 케네디 암살과 같은 엄청난 사건의 여파 때문인지, 연설 전의 사정은 사람들에게 제대로 알려지지 않았다.

케네디 대통령이 문샷 프로젝트를 공개적으로 처음 발표한 건 그보다 1년 4개월 앞선 1961년 5월 25일 상·하원 합동 연설에서였다. 취임한 지 4개월밖에 되지 않은 당시에 케네디 대통령은 매우 위축되어 있었다. 바로 한 달 전인 4월 12일에 냉전 시대 최대의 라이벌인 소련은 세계 최초로 인간을 우주에 보내 지구 궤도를 도는 데 성공했다. 바로 인류 최초의 우주비행사란 영광을 안은 유리 가가린이었다. 1957년 10월에 최초의 인공위성 스푸트니크에 이어 우주전쟁에서 미국이 두 번째로 당한 결정타였다. 우주가 아닌 땅에서도 케네디, 곧 미국의 굴욕은 이어졌다. 4월 17일 새벽에 쿠바의 카스트로 정권을 무너뜨리겠다고 피그스만에 상륙시킨 부대가 변변히 싸워보지도 못하고 궤멸된 것이다. 그래서 케네디는 상·하원 합동 연설에 직접 나서지 않고 문안만 제출하든지 대독하려고 했으나, 마지막 순간에 마음을 바꿔서 직접 나섰다. 그리고 46분에 걸친 연설의 마지막 부분에서 다음과 같이 역사에 남는 언급을 한다.

"우리는 60년대가 끝나기 전에 인간을 달에 착륙시키고, 무사히 지구로 귀환하는 과업을 달성해야만 합니다."

사실 이 연설의 최초 30분 동안 케네디 대통령은 소련과의 냉전에서 승리하기 위하여 취해야 할 21개 제안을 내놓는 등, 연설의 주요 소재는 우주 계획이 아니었다. 그런데 마지막 순간에 천명한 문샷 프로젝트가 신문 1면을 장식했다. 의회에서 나사(NASA) 예산을 증액하라는 소리가 나왔다. 6월에는 부통령이었던 린든 존슨을 위원장으로 하는 국가우주위원회가 결성되었고, 존슨의 지역구였던 텍사스 휴스턴에 유인 우주선 센터(Manned Spacecraft Center)[55]가 설립되었다. 휴스턴 라이스 대학에서의 연설은 우주선 센터의 장소를 휴스턴으로 정한 후에, 본격적인 공사 시작을 기념하여 행해진 것이었다. 케네디 대통령 암살은 비극적인 사건이었지만 미국의 문샷 프로젝트에 장애물이 되지는 않았다. 어찌 보면 수장을 맡은 존슨이 대통령이 되면서 더욱 박차를 가하는 계기가 되었다고도 볼 수 있다. 실제 1961년 미국 정부 예산의 1퍼센트가 채 되지 않았던 나사의 예산은 1966년에 4.4퍼센트에 이르렀고, 1969년 마침내 닐 암스트롱이 작은 한 걸음을 달 표면에 딛게 되었다.

'인간을 달에 보낸다'는 문샷은 너무나 현실과 동떨어진 높은 목표처럼 느꼈지만 명료하게 목표를 전달하며 국가 전체에 우주를 향한 열망의 불을 질렀다. 그런 커뮤니케이션에는 반전이 따라온다. 나락으로 떨어지던 케네디 대통령을 끌어올렸을 뿐만 아니라 우주대전에서 소련을 제치는 원동력이 되었다.

결정은 내가, 책임은 네가

"제발 피아니스트에게 총을 쏘지 마세요. 그도 최선을 다하고 있습니다."

너무나도 간절함이 느껴지는 이 호소는 1882년 아일랜드의 작가 오스카 와일드가 미국 강연 여행을 하면서 골드러시[56]로 떠들썩했던 콜로라도주의 리드빌(Leadville)이란 마을의 한 술집에 들렀을 때 그곳의 피아노 위에 걸려 있던 안내문(?)이라고 한다. 술집에서 취한 이들이 총을 쏴대는, 옛날 서부영화에서나 보았음직한 장면이 진짜 벌어졌다는 얘기다. 실제로 그 마을, 특히 그 술집에서 총 맞아 죽은 피아니스트들이 상당히 많았다고 한다. 그 간절한 호소를 보고, 오스카 와일드도 서툰 강연을 하다가는 자신도 총 맞아 죽을 수도 있겠구나 하고 잔뜩 겁을 먹었다고 그의 미국 여행기에서 밝히고 있다. 자신의 생명을 담보로 걸고 벌이는 퍼포먼스! 《삼국지》에도 비슷한 경우가 있었다. 아버지 조조가 죽은 후에 형인 조비(曹丕) 앞에서 자신의 시재(詩才)를 목숨을 걸고 보여주어야 했던 조식(曹植)과 그 산물인 '칠보시(七步詩)'. 조식은 갑자기 끌려와 자신의 형만을 대상으로 한 발 뗄 때마다 창작시 한 행을 읊는 일생일대의 시작(詩作) 퍼포먼스를 했다. 워낙 상황이 드라마틱해서 그렇지, 시 자체의 예술성은 조식의 다른 시들에 비해 현저히 떨어진다.[57]

한 사람만을 대상으로 한 조식과 달리 불쌍한 피아니스트는 술집에 오는 다수의 청중을 대상으로 즐거움을 주기 위한 퍼포먼스를 하면서, 목숨을 부지하기 위하여 부수적인 커뮤니케이션 활동까지 해야 하는 지경이었다. 안타깝고 가엾기는 하지만, 안내문 자체가 현재 우리의 기준으로 간단히 분석해보면, 하나의 광고 행위로 해석될 수도 있다.

최종 목표 : 살아남기

광고의 직접적인 목적 : 피아니스트에 대한 총격 방지

목표 고객 : 총을 소지한 술집 손님

메시지 내용 : 최선을 다하고 있음을 간절하게 호소

방법 : 총을 겨냥할 때 볼 수 있도록 피아니스트 머리 위에 게시

그런 안내문을 써 붙인 것이 얼마나 효과를 보았는지에 관한 기록은 없다. 단지 1882년이란 시기를 감안할 때 오스카 와일드가 그 술집에 들른 이래로 피아니스트에 대한 총격 발생률은 사

법 체제의 정비, 골드러시 열기 감소 혹은 안내문 광고 등 여러 가지 이유로 내려갔으리라 짐작된다. 그렇지만 그 감소율의 어느 만큼이 안내문, 즉 광고의 덕인지는 파악하기가 거의 불가능하다. 이는 바로 광고가 본질적으로 안고 있는 고민이기도 하다. 피아니스트가 총을 맞았던 가장 큰 이유는 당연히 연주 그 자체에 있을 것이다. 그런데 한편으로 안내문 때문에 피아니스트는 연주 실력뿐만 아니라 최선을 다해야만 하는 의무도 지게 되었다. '연주는 훌륭했지만, 최선을 다하지 않았다'라는 총격을 정당화하는 또 하나의 이유를 공표한 것으로 해석할 수도 있다. 그래서 누군가의 아이디어로 안내문을 써 붙인 이후로 발생한 총격에 대해서는 아마 그 아이디어를 낸 사람이 일정 부분 같이 책임을 져야만 했을 것이다. 피아니스트에 대한 총격 발생을 줄이는 방법에 대한 아이디어라도 현상 공모해서 돈이 결부되었고, 그에 대한 경쟁이 붙었을 경우는 아마 안내문 아이디어를 낸 자는 획기적으로 총격 사례를 감소시킬 것이라고 큰소리치고, 자신의 영역을 넘어서는 책임까지 떠맡았을지도 모른다. 지금도 비슷한 경험을 하고 있는 광고인들이 많을 것이다. 어느 광고 잡지에서 본 만평이 뇌리에서 지워지지 않는다. 미국 친구들도 미국 광고계에서 보편적인 일이라고 얘기하는 내용이다. 광고주가 시안 몇 개를 프레젠테이션을 한 광고대행사 사람에게 선언한다.

"결정은 내가 하지만, 모든 책임은 당신이 지는 거야."

책임지지 않는 광고주의 권력과 책임만 지는 '을'의 의무를 한껏 부풀려 비교했다. 서툰 연주를 총에 피격되는 것으로 연결 지은 것과 비슷하다. 그런 위험천만하게 표현된 관계가 〈매드 맨(Mad Men)〉[58]과 같은 드라마가 나오고 인기를 끈 까닭이기도 하다.

■ 불가능할수록 해내는 인간 능력의 역설

"소심한 사람은 원하는 목표가 있지만 그 10분의 1만 요구한다. 용감한 사람은 원래 가치의 2배를 목표로 잡아 노력하며, 그 반만 이루는 것으로 타협한다.(The timid man yearns for full value and demands a tenth. The bold man strikes for double value and compromises on par.)" 미국 대문호 마크 트웨인의 말이라고 한다. 어느 항공사 기내지에서 읽은 문장이다. 'full value'가 현실적인 목표이고, 'double value'는 '확대치' 혹은 '의욕치'라고 하는, 현실 목표에서 2배 정도는 올린 희망 목표이다. 일반적 예상과 달리 목표를 높이 잡을수록 오히려 목표를 달성하기 쉬워진다는 뜻이다. 이런 경우를 자주 만난다.

프로젝트를 진행하면서 목표에 혹시나 도달하지 못하면 어쩌나 고민을 하며 중간에 벌어질지도 모르는 일들을 처리할 방도를 짜내다가 결국 10분의 1도 제대로 하지 못하는 경우가 비일비재하다. 그러나 아예 멀리 목표를 잡아놓으면 그런 현실적인 고민들에서 해방되는 효과가 있다. 중간 과정을 고민할 여유 없이 그저 목표만을 향하여 전진해 아쉽지만 최초에 정해놓은 목표 지점 도착으로 타협하는 것이다. 이렇게 높여 잡는 목표를 'Aim High'라고 한다. 협상 전술의 하나로 잘 알려져 있다.

이와 관련하여 꼼꼼하게 따지는 광고주들에게 자주 얘기했던 광고 바깥의 사례가 있다. 친구 하나가 고등학교에 들어가 유도를 시작했다. 한창 재미를 붙이던 그 친구가 어느 날 갑자기 초단이 되었다. 자신도 부담스러운데 코치가 단(段)을 달면 그만큼 실력이 붙는다며 억지로 달게 했다. 얼마 후 그 친구가 말하기를 코치 말대로 단에 부끄럽지 않으려고 연마를 하다 보니 얼추 초단에 어울리는 실력을 갖추게 되었다고 한다.

골프의 타수를 한두 개 줄이려고 하는 것보다 아예 7~8타 줄이기를 목표로 삼을 때 훨씬 더 타수 줄이기가 쉽다고 한다. 나는 골프를 전혀 하지 않지만, 고(故) 이건희 회장도 한창 신경영을 할 때 설파한 적이 있고, 다른 골프 관련 서적에서도 본 적이 있다. 한두 타를 줄이려 할 때는 자세를 약간 교정한다든지 채를 바꿔보는 정도의 부분적인 변화로 이루어보려 하는데, 7~8타를 줄이려 할 때는 기본부터 새롭게 살펴보며 근본적인 변화를 꾀하기 때문에 가능하다는 얘기다.

최종 의사결정권자인 대표이사의 뜻이나 취향은 너무나 확실한데 중간책임자가 아니라고 우긴다. 대부분의 경우 중간책임자의 뜻에 맞춰 수정한다. 그리고 대표이사에게 근시안적으로 했다고 혼난다. 욕을 먹는 것은 광고대행사의 몫이다. "결정은 내가 하지만, 욕은 당신이 먹는 거야"라는 말을 다시 환기하게 된다.

사실 '목표는 높게(Aim High)'는 1990년대 미국 공군이 모병 광고에 쓴 슬로건으로 잘 알려져 있다. 간결하고 명확하며 세련된 슬로건이다. 반면 미국 공군이 21세기 초 내놓은 '날아라-싸우자-이기자(Fly-Fight-Win)'는 절도 있는 군인의 이미지를 상징한다기보다 고등학교 치어리더 팀 표어를 연상시킨다. 잇따른 비판이 제기되자 미 공군은 2014년 다시 모병 광고의 슬로건을 '목표는 높게'로 바꾸었다. 21세기 들어 미국 공군이 제일 잘한 일 중의 하나이다. '문샷'처럼 적절하게 부풀린 목표는 의욕을 자극하고 성취의 가능성도 높인다.

시공간을 넓혀서 반전을 일으키다

7월 14일은 프랑스혁명 기념일이다. 무라카미 하루키의 여행기를 보면 미국 보스턴에서 잠금장치가 있는 자전거의 비밀번호를 친구가 하루키에게 알려주는 장면이 나온다. "비밀번호는

714예요. 프랑스혁명 기념일이니까 외우기 쉽죠." 그만큼 프랑스혁명은 국가를 떠나 의미가 있다. 그런데 하루키는 역시나 그 비밀번호를 잊어버리고 헤맨다. 이도 하루키답다.

"프랑스혁명이 성공했는지 아닌지를 따지기에는 아직 너무 이르다."[59]

1949년 중화인민공화국 수립 이래 1976년 운명하기까지 마오쩌둥 아래서 2인자 수상을 역임한 저우언라이가 1972년에 당시 미국 대통령으로서 중국을 방문한 리처드 닉슨과 회담하며 한 말이라고 한다. 프랑스대혁명이 발발한 시기를 보통 1789년으로 치고, 나폴레옹 시기까지 포함해도 대혁명은 워털루전투가 벌어진 1815년이면 막을 내린 것으로 본다. 그런데 150년이 훌쩍 지난 다음에도 성공 여부를 따지기에는 너무 이르다니, 중국의 역사 스케일을 보여주는 멋진 언사가 아니겠는가.

유머를 곁들인 통찰력 넘치는 코멘트를 많이 한 인물이지만 저우언라이가 과연 저런 말까지 했을까 궁금했다. 저우언라이의 말이라고 인용했던 책의 저자인 앤드루 솔로몬(Andrew Solomon)도 100퍼센트 신뢰하지는 않았지만 '정정하기에는 너무 재미있는 오해'라는 표현을 썼다. 앤드루 솔로몬이 주석에서 언급한 〈파이낸셜타임스〉의 기사는 찾지 못했지만, 저우언라이가 닉슨과 만나서 저런 말을 했다는 회담에 배석했던 인사가 위의 말에 대하여 한 코멘트를 전하는 중국 측 자료를 찾았다.

"내가 확실히 그 대화를 기억한다. 나중에 곡해되어 알려졌지만, 너무 멋진 표현이라 정정할 수 없었다."[60]

위의 말이 실린 자료에 따르면 저우언라이가 '프랑스혁명'이라고 한 건 1789년이 아니라 1968년의 68혁명을 가리킨다는 것이다. 닉슨의 역사적인 중국 방문이 1972년 2월이었으니, 기껏해야 4년도 안 된 과거의 일은 성공 여부를 판단하기에는 이르긴 했다. 그런데 그걸 200년 전의 프랑스혁명까지 밀어버리니, 중국인의 스케일과 장기적인 역사관이 눈앞의 선거에 일희일비하며 휘둘리는 서구 정치인들과 극적으로 비교되는 효과를 만들어냈다. 정말 그냥 1789년의 혁명을 지칭한 것이라 믿고 싶다.

스케일을 크게 하여 비유하면 이런 반전과 같은 효과를 낼 수 있다. 경상북도 안동 출신의 동료가 있었다. 음식점에 가서 툭하면, '우리 고향은 내륙 지방이어서'라는 말을 버릇처럼 붙였다. 자기 고향인 안동에서는 같은 재료라도 다르게 해서 먹는다는 말이 이어졌다. 음식이 나오고 그가 같은 말을 꺼내놓고 나서 조용히 이런 말을 했다.

"이봐요. 중국인들이 보기에 안동은 해안지방이오."

잠깐 어리벙벙하게 있던 친구가 곧 박장대소를 하며 "맞아, 맞아요"라고 격하게 동의했다. 다음부터 음식점에서 내륙 지방 운운하는 소리가 줄어들었다. 좁은 자신만의 틀에 갇히지 말라. 관점을 시공간적으로 넓혀보는 것에서 반전은 일어나기도 한다.

무대뽀의 반전은 없다

제2차세계대전 초기 말레이시아를 휩쓸며 싱가포르에서 영국 군에게 호통을 치고 항복을 받으며 나름 용명(勇名)을 떨쳐서 '말래야의 호랑이'라는 별명을 가지고 있던 야마시타 도모유키(山下奉文)[61]가 일본 육군대학에 나닐 때였다. 어느 시험에 "고지의 전황은 불확실한데, 어떻게 점령할 것인가?"라는 문제가 나오자 다음과 같이 답했다고 한다.

"고지의 상황은 모른다. 고지를 향하여 전진!"

중일전쟁이나 제2차세계대전 등의 큰 전쟁이 벌어지기까지 일본의 정보 활동은 매우 뛰어났다. 그런데 실제 전쟁에서는 야마시타와 같은 무모한 저돌성만 빛나게 되었다. 처음의 승리에 너무 도취한 측면도 있고, 그렇게 큰소리치는 게 눈에 잘 띄고 무사답게 보인다는 착각도 했다. 또한 자원 자체가 워낙 부족해서 정신력만을 강조하다 보니, 꼭 해야 될 부분을 스스로 잊어버린 면도 있다. 태평양에서의 승패를 가린 미드웨이해전의 패배 역시 정보 부족에 그 원인이 있다. 제2차세계대전 때 일본 군인의 무사도, 정신력, 애국심에 바탕을 둔 용맹함은 모두들 높이 산다. 그렇지만 어느 전쟁사학자는 일본의 용맹성은 천황을 정점으로 하는 신도(神道)에 기반을 둔 종교적 신념으로 자신의 목숨을 초

개와 같이 던지는 데 가치를 높게 두어, 결과적으로 전략적 차질을 가져오는 원인이 되었다고 부정적으로 평가한다. 심하게 얘기하면 전체 전략의 큰 그림을 본 것이 아니라 개인적 구원 차원에서 자신의 목숨을 던지는 반어적 이기주의가 나왔다는 것이다.

일본군의 또 하나의 약점은 바로 보급이었다. 전방의 소총수 하나를 위하여 미군은 18명, 영국군은 8명이 지원해주는 데 반해, 일본은 거의 동수가 배치되고 그마저도 나중에는 아예 없애버린 경우가 많았다고 한다. 노르망디 상륙작전을 다룬 얘기를 보면, 상륙 자체보다 그를 위한 물자 확보와 수급에 걸린 시간과 노력이 실전에서의 전투력 그 자체보다 더 인상적이었다. 당시 보급을 맡은 장군의 표현에 따르면, 디트로이트와 같은 도시 전체를 옮긴다고 했는데 그 말이 정말 실감 난다. 그런데 일본은 디트로이트와 같은 도시를 옮겨서 만들어놓고 시작하는 것이 아니라 점령하여 그런 도시를 확보하라는 식의 작전계획을 가지고 있었다. 잘나갈 때야 별문제 아니지만 삐끗하면 바로 모든 것이 엉망이 되는 계획의 전형적인 유형이다.태평양 전역에서 일본군과 맞서 싸웠던 더글러스 맥아더는 궁극적인 승리를 위한 전략의 3요소를 다음과 같이 얘기했다.

Situation : 전황 파악 위한 정보력

Support : 적절한 지원과 보급

Spirit : 넘치는 사기와 정신력

제대로 된 용감함을 위해 정확한 상황 파악에서 출발해야 한다. 거기서 문제점을 발견하고, 목적지 방향을 수립하게 된다. 그리고 그 목적지에 어떻게 도달할 것인지 전략을 세우고, 그 전략을 달성하기 위한 여러 자원들을 조달하는 '지원' 작업을 하게 된다. 그 전 과정을 통하여 일관되게 필요한 것이 바로 용감함을 만드는 열정과 의지이다. 그런데 참으로 유감스럽게도 '무대뽀 (無鐵砲)' 정신을 부르짖는 경우가 너무 많다. 이 말도 일본에서 유래한 것인데, '지원(support)'과 상황 파악을 제대로 못 한다는 것을 여실히 보여준다. 문자 그대로 철포도 없이 싸우라니 말이다. 이런 무대뽀에서 반전은 나오지 않는다. 이제 이런 말은 사전에서나, 영화에서나 보았으면 한다.

가장 못생겼지만, 극도로 아름다운

그녀의 발은 너무 크다. 코는 너무 길다. 이는 고르지 않다. 목은 그녀의 어느 라이벌이 말했듯 '나폴리 기린' 같다. 허리는 허벅지 가운데에서 시작하는 듯 보인다. 펑퍼짐한 골반은 곡식 자루 절반 정도 크기다. 뛰는 모습은 풀백처럼 보인다. 손은 엄청나게 크다. 이마는 낮다. 입은 너무 크다. 그리고 맘마미아(Mamma mia)[62], 그녀는 극도로 아름답다.[63]

저렇게 이상하게 깎아내리고는 최고의 찬사로 끝맺을 수가 있나. 그녀는 자신을 두고 "많은 이상한 것들의 연합체"라고 했다. 어릴 때 그녀에게 젖을 먹였던 유모는 이렇게 말했다.

"내가 평생 본 중에 제일 못생긴 아이였어요. 어찌나 못생겼던지, 지금도 나는 그 아이한테 젖을 주고 싶어 하는 사람은 세상에 아무도 없을 거라고 장담해요."[64]

그러면서 자신의 젖이 그녀를 그렇게 아름답게 만들었다고 한다. 그런데도 자신을 기억조차 하지 못하는 그녀에게 서운함을 표시한다. 더 서운한 부분은 그녀의 엄마가 지불한 돈보다 2배는 더 젖을 먹었다는 것이었다.

"나는 어린애 수백 명에게 젖을 먹였지만, 그 애만큼 많이 먹는 애는 없었어요. 그 애 어머니는 나에게 한 달에 50리라를 줬어요. 그런데 그 애는 적어도 100리라어치의 젖을 먹었죠."

유모에게 준 50리라의 2배가 되는 100리라어치 젖을 먹었지만 아이는 너무 말라서 별명이 막대기일 정도였다. 열네 살이 되면서 그 막대기에 살이 붙으며 꽃처럼 피어났다. 그녀가 체육 수업을 받는 모습을 보려고 동네 남정네들이 몰려들 지경이었다. 딸을 교사로 만들려던 꿈을 포기하고 어머니는 미인대회에 출전시켰다. 이어서 영화계까지 기웃거렸다. 열여섯 살에 우리로 치면 오디션에 딸을 데리고 갔다. 어느 줄에 딸을 세우려니까, 일하는 사람이 '그쪽은 영어를 하는 사람을 위한 줄'이라고 했다. 어머니가 "내 딸은 영어를 해요"라고 외치며 딸에게 영어로 물었다. "영어 할 줄 알지?" 딸이 대답했다. 이탈리아어로. "시, 마마(Si, Mamma)."[65]

이 에피소드를 보면서 조카 둘의 이야기가 생각났다. 큰조카는 미국에서 태어났다. 돌도 되기 전에 한국으로 왔는데, 미국 생활이 기억난다는 말을 초등학교 때까지 하곤 했다. 초등학교 시절에 둘째 조카가 친구를 데리고 집에 와서 놀다가 형 자랑을 했다. "우리 형은 미국에서 태어났어. 어릴 때는 미국에서 살았어. 그렇지 형?"이라고 묻자 자랑스럽게 웃으면서 고개를 끄덕이며 같이 놀았다. 그러다 동생의 친구가 '그럼 영어도 할 수 있어?'라고 묻자 대답을 하려는데, 동생이 먼저 치고 나왔다. "그럼!" 그러고는 형을 보고 연신 물었다. "형, 영어 할 수 있지? 영어 잘하지?" 당황해서 얼굴이 붉으락푸르락하는데도 동생이 계속 물어댔다. 마침내 큰조카가 큰 소리로 대답했다.

"노(No)!"

해석의 여지가 너무 많은 대답이다. 부정을 했는데 '그리 잘하지는 못한다'는 뜻으로 얘기한 것 같기도 하고, 아예 영어를 못한다고 한 것이라기에는 어쨌든 영어로 대답을 했다. 둘째 조카와 그 친구가 어떻게 해석해야 할지 어리벙벙한 상태로 서로 얼굴만 쳐다보는 와중에 큰조카는 자리를 피했다. 현명한 답변과 행동이었다.

이탈리아 배우는 영어를 한 마디도 못했으나 그 오디션에서 선발되었고, 나중에 세계적인 배우가 되었다. 사소한 영어 따위가 길을 막지 못할 정도로 그녀는 아름다웠다. 지금도 살아 있는 그 배우는 소피아 로렌[66]이다. 보통 소피아의 철자로 'f'를 쓰는데, 그녀는 'ph'로 썼다. 'ph'로 쓰면 이국적인 느낌이 더해진다는 이유였다. 그녀 자신의 뜻이었는지는 알 수 없지만, 어쨌든 길을 개척하는 노력을 했다.

누구에게나 '미운 오리 새끼'에서 백조가 될 반전의 기회는 있다. 아름다움과 당당함 앞에서 오디션 주최자가 만든 자격 요건이 힘을 발휘하지 못했다. 과장으로 반전을 만들고 능력을 펼쳤다. 자신감이 충만해 있으면 언제든 스스로 반전을 만들어낼 수 있다.

Remove

삭제

지우고 없애다

[削除] 10

아예 없애버리는 생명력의 비밀

　크리스마스와 연말 대목을 노리고 신제품이나 새로운 프로모션을 거는 업종들이 많다. 영화도 그런 대표 업종 중의 하나다. 사람들의 마음이 들뜨고, 가족이나 연인 등 가까운 이들과 시간을 함께하며, 선물을 주고받으며 기념하고 함께 즐거워할 이벤트에 영화는 아주 잘 어울린다. 그런데 이런 크리스마스가 못마땅해서 크리스마스를 없애려 드는 주인공을 내세워 인기를 끄는 이야기가 있다. 바로 〈그린치(Grinch)〉이다. 모두가 즐거워하는 크리스마스에 심통을 부리다가 뉘우치는 캐릭터는 예전에도 있었다. 구두쇠 스크루지가 있지 않던가. 그린치는 아예 크리스마스를 사람들에게서 훔친다(stole)는 반전이 있고, 그게 바로 긴 생명력의 비밀이라고 생각한다.

　1957년 '닥터 수스(Dr. Suess)'라는 필명으로 발표된 동화의 주인공으로 그린치는 세상에 나타났다. 이후 1966년에 30분짜리 애니메이션이, 2000년에는 짐 캐리가 그 천의 얼굴의 연기력을 발휘한 실사 영화가 나왔다. 셜록 홈즈 시리즈로 유명한 영국의 배우 베네딕트 컴버배치가 목소리 주연을 맡은 애니메이션으로 제작되어 2018년 11월 9일 미국에 이어 한국에서도 12월 20일 개봉했다. 미국 내에서 11월 개봉 영화 중 최고의 흥행을 기록했고, 한 달 만에 미국에서만 2억 2500만 달러의 박스오피스 성적을 거두었다.

미국의 메이저 영화사들은 주요 작품을 위해 전방위적 마케팅 활동을 펼친다. 1년 전부터 예고편을 내보내는 건 다반사다. 개봉 시점에는 자신들의 예고편이나 광고뿐만 아니라 올림픽이나 축구 월드컵의 스폰서처럼 영화를 소재로 마케팅 활동을 펼치는 기업들을 통하여 더욱 많이 노출시키고, 화제를 불러일으키려 노력한다. 〈그린치〉도 예외가 아니었다.

일본의 혼다(Honda)는 그린치를 사용하는 광고들이 쏟아져 나오리라 예상하고 차별화할 수 있는 방식을 집중 연구했다. 당연히 그린치와 연계하면서 역시 그린치를 사용하여 광고를 만들 다른 기업들과 어떻게 구별할 것인가 고민했다. 혼다가 내놓은 해답은 나름 신선했다. 혼다에서 매년 11월에 전개하는 특별 프로모션인 '해피 혼다 데이(Happy Honda Day)' 행사를 마치 크리스마스를 훔치듯이, 그린치가 탈취하여 '언해피 혼다 데이(Unhappy Honda Day)'로 만든다는 반전이었다.

단순 광고로만 그치지 않고 실제로 혼다 딜러숍의 문까지 닫았다. 화려한 장식과 공짜로 제공하는 도너츠, 자동차 할인 혜택까지도 모두 없애버렸다며 그린치는 기세등등했다. 혼다의 트위터나 페이스북까지 그린치가 접수해버렸다.

개봉 이후인 11월 18일 일요일 처음 전파를 탄 혼다의 광고는 〈그린치〉 영화의 흥행 성공까지 어우러지며 화제가 되었다. 그런데 화제가 오래 지속되지 못했다. 며칠 만에 혼다의 그린치가 광고에 등장해 배경 설명도 없이 '해피 혼다 데이'를 돌려주기로 했다는 한 줄을 날린 후에 할인율과 제품 이름을 나열해댔다. 그린치가 행사에 강력한 딴지를 건다는 설정까지는 그린치의 성격을 그대로 가져와 좀 아쉬워도 반전의 일종으로 봐주겠다. 그런 반전을 일시적인 효과에 그치지 않게 하고, 일정 기간 이상으로 연장시키기 위해서는 용기(courage), 배짱(gut), 끈기(endurance)가 있어야 한다.

평범 그 자체의 비범함

풍요만을 부르짖는 현대사회에서는 '결핍'이 마케팅의 주요 무기가 되기도 한다. 인위적인 결핍 상태를 강요하여 소비자에게 제품이나 브랜드의 가치를 새롭게 느끼도록 할 수 있다. 2011년 칸국제광고제 최고의 화제작이었던 루마니아의 초코바 '롬 (ROM)'을 대표적인 사례로 들 수 있다. 루마니아의 소비자들이 생각하지 못했던, 혹은 격하시켰던 롬 안의 '루마니아'라는 가치를 아예 그와 대척점에 있는 성조기로 표현되는 '미국'으로 바꾸어 소비자들이 사라져버린 루마니아를 연호하고 찾게 만들었다.

루마니아에서 롬의 시장을 급속히 잠식했던 미국 초코바가 한국에서도 흔히 볼 수 있는 스니커즈였다. 초코바가 혜택으로 제공할 요소는 맛, 심심풀이, 요깃거리 등 여러 가지가 있다. 롬과 같이 일반적인 요소가 아닌 '애국심'과 같은 감성으로 소비자를 유인할 수도 있다.

스니커즈는 에너지를 공급하는 가벼운 먹거리로 자리매김을 하려고 노력하고 있다. 미식축구를 즐기는 청년들 사이에 제대로 걷기조차 벅차 보이는 할머니가 굼뜨게 우왕좌왕하다가 수비수에게 태클을 당해 넘어지는 광고가 2011년에 나왔다. 그때 할머니로 출연한 배우가 1922년생으로 당시 한국 나이로 90세인 배우 베티 화이트(Betty White)였다.[67] 같은 팀의 동료들이 묻는다. "마이크, 어떻게 된 일이야? 넌 꼭 (할머니 여배우) 베티 화이트같이 움직이고 있어." 그 순간 여자 친구가 스니커즈를 건네고, 그것을 먹자 할머니에서 젊은 청년으로 바뀌면서 활발히 뛰기 시작한다. 그리고 "배가 고프면, 당신 몸이 당신이 아니다(You're not you when you're hungry)"라는 자막이 뜨고, "스니커즈가 채워드립니다

(Snickers satisfies you)"란 슬로건으로 끝을 맺는다.

좀 큼직한 제품의 예를 보자. 스바루(Subaru) 자동차는 규모나 성과 면에서 최상급의 브랜드는 아니다. 품질 대비 저렴한 가격이란 요소 외에 굳이 장점을 들자면 디자인에서 독특한 측면이 있다는 정도의 평가를 받는다. 스바루는 독특한 디자인을 자신의 강점으로 내세우기로 했고, 그것을 극적인 방법으로 부각시켰다. 자신이 내세우려는 디자인의 독특한 부문을 완전히 없애버린 자동차를 만든 것이다.

회사까지도 새롭게 만들었다. '미디어크러티(Mediocrity)', 바로 '평범'을 기업명으로 내세웠다. 혹시라도 차량의 외형을 돋보이게 할지도 모르는 모든 디자인적인 요소를 철저히 배격하여 평범한 차를 만드는 데 전력을 다했음을 힘주어 얘기했다. 광고 문구 중 하나가 그들의 지향점을 명확히 보여준다.

"우리는 비범(非凡)하지 않습니다. 특별할 정도로 평범합니다. (We're not extraordinary. We're extra-ordinary.)"

물론 스바루가 실제로 그런 기업을 만들고 자동차를 생산하여 시장에 내놓은 것은 아니다. 농담처럼 유머를 곁들인 화제 유발 프로젝트로 기획한 것이다. 그래서 디자인이 결핍된 것이 심각하지 않고, 자연스럽게 스바루의 디자인이 돋보인다고 하는 원래 의도된 긍정적인 반응을 얻을 수 있었다.

이런 제품이나 특정한 속성의 인위적인 결핍 상태를 조성하여 브랜드 자체의 가치를 환기시키고 제고하는 대표적인 사례로는 패스트푸드 체인 버거킹의 '와퍼가 없어졌어요(Whopper Freakout)' 캠페인을 들 수 있다. 버거킹 매장에 손님이 들어와 직원에게 주문을 한다. 뭐 별다른 메뉴가 있겠냐는 듯이 습관적으로 와퍼를 시킨다. 그런데 직원은 이제 더 이상 와퍼를 취급하지 않는다며 와퍼가 빠진 메뉴를 보여준다. 어리둥절한 손님이 말한다. "아니 어떻게 와퍼를 없애버릴 수가 있죠? 내가 가장 좋아하는, 세상에서 제일 맛있는 햄버거인 와퍼를!" 놀랐다가 분노를 표시하고 이어 와퍼에 대한 절절한 사랑을 고백하는 손님에게 직원은 웃으면서 와퍼를 내어준다. 이 일련의 장면을 몰래카메라로 찍어 손님의 동의하에 반응들을 편집하여 TV 광고로 만들어 방영했고, 유튜브에는 긴 시간의 동영상을 올렸다. 당연히 엄청난 입소문을 불러일으켰고, 2008년 최고의 캠페인으로 꼽혔다.

한국에서도 결핍 상태를 가정한 광고가 꽤 많이 나왔다. 대부분은 대상 제품이나 서비스가 없을 경우에 벌어질 상황을 보여주는 것들이었다. 보험이 대표적인 경우이다. 요즘은 몇몇 상조 회사에서 비슷한 유형의 광고를 방영하고 있다. 주방세제 등의 청소용품에서 비교 광고 형식으로 제대로 세척이 안 된 더러운 부분을 보여주는 경우도 꽤 많은데, 이도 같은 유형으로 분류할 수 있다. 전반적으로 대단히 심각하게 논리적으로 결핍 상태와 그 여파를 설정하는 경향이 있다. 너무나 심각해서 그 상태에 묻혀 반전이 일어나지 않는다. 없으면 없는 걸 인정하면서 가볍게 반전을 시도할 필요가 있다.

모자란 데서 오는 충족

우리의 생활을 전반적으로 가장 크게 변화시킨 제품 중의 하나로 스마트폰으로 진화한 휴대폰을 꼽는 이들이 많다. 실제로 미국의 〈USA 투데이〉는 2007년 창간 25주년을 맞이하여 우리의 생활을 변화시킨 지난 25년간의 발명품 중에서 휴대폰을 1위로 선정했다. 의도된 설정인지는 모르겠으나 공교롭게도 그해 2007년 1월에 스티브 잡스의 전설적 프레젠테이션으로 아이폰이 세상에 모습을 드러냈고, 그해 6월에 본격 출시되었다. 휴대폰 초창기와 지금 우리가 스마트폰을 사용하는 양상이 얼마나 바뀌었는가를 보는 것도 재미있다.

요즘 젊은 친구들에게는 그런 비즈니스가 있었다는 사실 자체가 이해되지 않는, 직접 관여했던 프로젝트들이 있었다. 발신 전용의 시티폰을 기억하는가? 삐삐로 호출을 받아서 사람들이 줄을 늘어선 공중전화기 옆에서 느긋하게 전화를 거는 광고를 내보냈던 바로 그 시티폰이다. 시티폰은 2000년에 서비스가 중단되었다. 발신 전용과 통화 가능 지역이 협소하다는 한계가 기본적인 문제였다. 그렇지만 그보다는 일반 휴대폰 서비스 대비 저렴하다는 장점만을 커뮤니케이션하면서, 소비자들이 제품에 대해 제대로 된 평가를 내릴 수가 없었다.

한 번 더 기억력 테스트를 해보자. '골드뱅크'란 기업을 기억하는가? 회원 가입을 하고 골드뱅크의 홈페이지에서 광고를 일정 횟수 이상 보면 돈을 주는 것으로 지난 세기 말 벤처 열풍 주역 중의 하나였다. 비슷한 제안을 무선통신 업체에 한 적이 있다. 휴대폰 통화를 하기 전에 광고를 들으면 통화료를 할인해주는 프로그램이었다. IMF 금융위기를 겪으며 무선통화 요금을 감당하지 못하거나 부담스러워하는 사람들이 많아서 고민하던 업체로서는 귀가 솔깃했다. 그 프로그램에 광고를 실을 광고주를 우리가 섭외하기로 했고, 무선통신 업체는 시설과 돈을 투자하기로 얘기가 진행되다가 우리도 일정 액수를 투자하라고 하면서 서로 엇나가다가 흐지부지되고 말았다.

당시로서는 획기적인 아이디어라고 평가받았던 위의 프로그램이 실패했던 이유는 무엇일까? 시티폰, 골드뱅크, 광고 청취 후 통화료 감면 등 3가지 모두 인터넷이나 무선통신의 기본 기능 중의 일부분을 희생할 것을 전제로 만들어진 비즈니스 모델에 기반을 두고 있다. 시티폰은 수신 기능을 없앴다. 뒤의 2가지는 즉시성이라는 기본 혜택을 유보했다. 아주 짧은 시간이나마 광고를 클릭하여 보거나 들어야 하는 상황이 강제된 것이다. 결국에는 금전 수익으로 돌아온다고 해서 '시간 투자'라는 표현을 썼으나 인터넷이나 무선통신과 같은 새로운 제품의 가장 큰 혜택을 없앤 것이다.

없애버린 부분을 보여주고 거기서 반전을 꾀하는 게 필요했다. 자신들이 주는 경제적 혜택만을 강조했지만 완전체가 있는 상황에서 부족한 부분이 더 크게 보였다. 불완전한 기술을 가졌다는 약점을 감성적인 강점으로 만든 사례가 있다. 1990년대 초에 멕시코의 코로나 맥주의 병들마다 용량이 다른 것을 두고 코로나의 맥주 제조 기술이 형편없다고 미국의 대형 맥주회사가 비방했다. 그에 대해 코로나 측은 '서로 다른 용량의 차이'가 바로 멕시코다운 여유와 낭만이라고 얘기했다. 규격 맞춰서 정해진 대로 하는 게 술을 마시는 이유가 아니라고 지른 것이다.

결핍 부분을 알코올 음료라는 상품의 효능과 연계하여 강점으로 만든 코로나 맥주나 브랜딩으로 커버한 짤순이와 같은 반전을 시티폰을 비롯한 위에 사례로 든 기업들은 만들지 못하고 사라졌다. 결핍이 아닌 자신들이 가지고 있는 부분에만 집착했던 탓이다. 모자란 데서 반전이 나온다.

살아 있는 기업의 부고장

파괴되고 사라진 역사 속의 도시들을 생각하며, '결핍' 상황을 가정한 상상은 저자의 말대로 위기 대비 이상으로 필요하다. 불교의 선(禪)의 한 방법으로 눈앞에 보이는 물체를 마음의 눈으로 없애고 다시 살리면, 물체와 마음이 모두 새롭게 이면까지 보이듯이 도시 자체를 더욱 깊이 이해하는 길잡이가 된다.[68]

2천 년 전 베수비오 화산 폭발로 도시 전체가 화산재에 묻혀버린 폼페이와 2005년 카트리나 태풍으로 역시 도시가 마비되어버린 뉴올리언스를 예로 들면서, 지속 가능성(sustainability)을 위해서는 그 도시 자체를 지워버리는 상황을 가정해보는 것이 필요하다는 구절에 주목하여 쓴 구절이다.

마케팅 활동을 위하여 제품을 연구하는 데도 제품이 존재하지 않았거나 다른 형태를 갖추고 있던 과거를 상정한 후 새로운 기능이나 쓰임새와 모습을 보일 미래를 상상해보는 것이 현재의 제품을 이해하는 실마리를 제공하는 경우가 많다. 그리고 본질에 더욱 가까이 파고들 수 있는 길잡이가 된다.

마티 뉴마이어(Marty Neumeier)라는 브랜드 디자이너는 기업의 브랜드를 확고히 하는 방법의 출발점으로 다음과 같이 기업의 부고 기사, 곧 영어로 오비추어리(Obituary)를 써보라고 했다.

앞으로 25년 뒤, 여러분이 운영하는 회사의 문을 닫는다고 가정해보자. 자리에 앉아 자신의 부고 기사를 쓰듯이 기업의 부고 기사를 써보라. 후대 사람들에게 나는 어떻게 기억되고 싶은가? 이에 대해 답을 하다 보면 곧 자신에 관한 또 다른 중요한 질문에 대해 답을 하게 된다는 것을 알게 될 것이다. 나는 누구인가? 내 열정은 어디에 있는가? 무엇이 아침에 나를 깨우는가?[69]

마티 뉴마이어는 '테이스팅(Tasting)'이라고 이름을 붙인, 그가 교보재로 사용한 가상의 와인 전문점의 부고 기사를 실례로 작성하여 보여준다. 그 기사에서 그는 테이스팅이 왜 태어났는가를 얘기한다.

테이스팅의 창업자들은 와인을 통해 세계를 더 가깝게 만들고 싶다는 소박한 희망에서 사업을 시작하였습니다. 그들의 목적은 사람들이 대화할 수 있고, 서로의 문화를 이해할 수 있고, 하나의 공동체가 될 수 있는 '국제적 카페 모임'을 만드는 것이었습니다. 실제로 와인을 음미하는 법을 서로 가르쳐주고 배울 수 있도록 함으로써 사람들이 자유롭게 자신들의 경험을 공유할 수 있는 공간을 마련해주었습니다.[70]

이런 부고 기사에 '세계적으로 와인에 대한 수요가 높아지고, 포도 작황이 안정적이 되면서 수익도 높아지기에 우리는 와인 전문 체인점 XX를 시작하였습니다'라고 쓸 수밖에 없는 기업의 브랜드가 제대로 설 수 있을까? 그 기업이 과연 수십 년 후까지 존속할 수 있을까? 부고 기사는 다른 사람이 쓰는 객관적인 묘비명과 같다. 사회적인 명분과 그에 합당한 행동이 뒷받침되지 않는 한 좋은 부고 기사가 나오기는 힘들다. 바로 심각한 결핍 상태의 상정은 이런 자신의 근본을 찾는 작업을 할 때 필요하다. 제대로 된 브랜드는 그렇게 결핍된 극한 상황이란 다른 차원으로 자신을 되돌아봄으로써 새롭게 자기 브랜드의 꽃을 피우는 '정반합(正反合)'의 변증법적 과정으로 진행된다.

본질의 결핍에 대한 고민 없이 부분적인 결핍 상태의 제품을 내놓는 것은 앞서 얘기한 시티폰, 골드뱅크처럼 제대로 된 비즈니스 모델이 되기 힘들다. 또한 결핍 상태 자체가 괴로운 상황이라 그것을 심각하게 포장하여 내놓으면 소비자는 피하게 된다. 본질에 대한 고민은 심각하게, 소비자에 대한 실행은 가볍게 유머를 곁들여 펼쳐야 한다.

특권이 되는 결핍-픽시 자전거

요즘의 자전거들은 21단, 27단 혹은 그 이상을 넘어가는 기어가 달려 있다. 그런데 기어 변속을 할 수 없는 픽시(Fixie) 자전거가 10여 년 전부터 꾸준히 인기를 끌고 있다고 한다. 언덕길을 오를 때도 순전히 페달을 밟는 자신의 다리 근력에 의지해야만 하는 자전거다. 인기 비결에 대하여 마케팅이나 트렌드 전문가들이 대체로 다음과 같은 2가지 이유를 말한다.

운동 효과 : 말 그대로 운동하려고 자전거를 타는데, 최대의 운동 효과를 거둘 수 있다.
날것(raw) 혹은 미니멀리즘 트렌드 : 복잡해지는 제품들과 사회에 대한 일종의 저항

운동 효과는 기능적인 측면이고, 트렌드는 시대적 사조라고 할 수 있다. 2가지 모두의 근저에는 자전거의 주류와는 다르게 보이고 싶어 하는 욕구 또한 숨어 있다. 모든 사람들이 타는 자전거와는 다른 자전거를 타고, 그것을 보이고 싶어 하는 욕구가 반영된 것이다. 브랜드 마케팅과 관련하여 픽시의 인기에서 주의 깊게 볼 부분이 하나 있다. 픽시 자전거 메이커들은 첨단 자전거들과

함께 제품 라인의 하나로 픽시 자전거를 내놓고 있다. 가격도 첨단 자전거들 못지않은 고가의 픽시 라인들이 많다.

변속 기어를 만들 기술력이 없어서 어쩔 수 없이 픽시 자전거를 만들 수밖에 없는 메이커가 있다고 생각해보자. 몇 단짜리 기어를 만드는가에 따라서 자전거 등급이 매겨지고 브랜드의 순위가 갈린다는 고정관념을 그들이 갖고 있다면, 픽시 자전거를 만들 수밖에 없는 업체는 항상 가장 싼값에 브랜드 순위의 밑바닥을 채워야 한다. 그런데 이들이 바로 위에 기술한 전문가들이 애기하는 2가지 경우를 가지고 자신들 픽시 자전거의 존재 이유를 알린다면 사정은 달라질 수 있다.

혼다 오토바이의 머플러 소음은 제품에 하자가 있는 것이고, 할리데이비슨은 시끄러울수록 자유를 상징하는 욕구의 정도를 보여준다며 환영받는다. 혹독한 추위 때문에 겨울만 되면 관광객이 뚝 끊겨버리는 시카고는 한겨울 가장 추운 시기를 택해서 '러시아 페스티벌'을 열기 시작했다. 그 페스티벌은 추울수록 사람들이 더욱 러시아다운 느낌을 가질 수 있다며 몰린다.

요점은 첫째, 남들이 정해놓은 기준에서 헤매지 말아야 한다. 그 기준이란 앞서가는 자들이 자신에게 유리하게 만들어놓은 것이다. 자신만의 기준을 만들어야 한다.

둘째, 그 자신의 약점을 숨기려 하지 말고 긍정적인 면을 발견하여 그것을 알려야 한다.

셋째, 어느 정도의 성공을 거둔 다음 조심해야 할 부분인데 지나친 욕심은 금물이다. 픽시는 절대 주류가 될 수 없다. 소수자의 특별한 자전거로 저변을 넓히는 작업이 먼저이다. 그 이후는 특별한 경우에 혹은 기분 전환을 위해 가끔 타는 '부가 자전거(second bike)'로 자리매김하는 것이 수순이 아닐까 싶다. 바로 '기존 체제의 거부-자신만의 기준 제시-스스로 물러날 줄 아는 겸손'의 반전 궤도를 밟는 것이다.

■

앵그리 와퍼, 감옥에 가다

아기용 그네에 타고 있는 아기가 웃었다가 바로 울기를 반복한다. 그네가 앞으로 오면 웃고, 뒤로 가면 운다. 아기가 보는 창문을 보니 그네가 앞으로 오면 맥도날드의 로고가 보이고 뒤로 가면 사라진다. 많은 광고 전문가들에게 '행복'과 '기쁨'을 상징하는 맥도날드라는 브랜드가 가장 잘 나타난 광고라는 평가를 받았다.[71]

맥도날드의 행복은 개인이 아니라 철저하게 사회적인 '관계' 속에서 이루어진다. 바로 위의 광고에서 아기의 웃음은 개인으로서의 아기가 아니라 가족의 일원으로서 기쁨과 행복을 상징한다. 피에로 '로날드(Ronald)'가 맥도날드를 대표하는 캐릭터가 된 것은 그런 '관계'의 차원에서 보면 모순된 의미를 지닌다.

피에로는 사회적 존재로서 자신을 부정하면서 다른 사람들에게 기쁨을 주는 반전을 태생적으로 가지고 있는 존재이다. 많은 어린이들에게 피에로는 이중적인 감정 반응을 자아낸다. 어린이에게도 놀림을 받는 약하고 우스꽝스런 존재로 웃음을 준다. 한편으로는 어린이 자신이 속한 사회, 곧 가정과 마을에서 자신을 빼내서 잡아갈지 모른다는 공포감을 불러일으킨다. 곧 가족과의 이별이란 슬픔까지 한 몸속에 담고 있다. 언제 가족과 떨어질지 모른다는 불안감, 그것이 현실이 되었을 때를 상정하는 슬픔이 환한 웃음 속에 언제라도 반전을 일으킬 것처럼 자리 잡고 있다.

2010년에 런던에 출장을 갔다가 어느 역 주변의 버거킹 매장 창문에 걸린 '화난 와퍼(Angry Whopper)' 포스터를 보고 함께 간 미국 친구와 동시에 웃음을 터뜨렸다. 감옥에 갇힌 모습의 와퍼는 자신의 화를 참지 못하고 빠져나올 기세이다. 온갖 매운 것들이 들어가 있는데, "당신은 이놈을 감당할 수 있겠습니까(Can you handle one?)"라는 카피가 자리 잡고 있다. 'handle'이란 단어가 중의적인 의미로 쓰였다. 잔뜩 화가 난 와퍼를 '제어'하고 '안정'시키는 것도 되고, 어쨌든 아무리 화가 났어도, 곧 매워도 음식물이니까 먹어치워 버리는 것으로 해석할 수도 있다. "정말 재미있는데", 미국 친구가 약간 비밀스런 웃음을 지으며 얘기했다. "맥도날드는 계속 '행복(happiness)'을 외치고 있는데, 버거킹은 저렇게

214

잔뜩 화가 나 있네."

버거킹은 '화난 와퍼'를 제공하는 데 그치지 않고, 고객들이 스스로의 화를 발산하도록 유도한다. '분노의 전문(Angry Gram)'이란 쪽지를 배포하여 분노의 대상과 행동을 적어 넣도록 하였다. 내용을 보면, '더 이상 못 참겠어. 네 XX한 행동 때문에 열불이 난다. 너의 OO에 이제 지쳤어. ㅁㅁ을 한번 해라, 이 등신아' 식으로 노골적으로 상대방을 욕하면서 평소 자신이 하고 싶은 말을 적도록 했다. 꼭 그 쪽지에 적어 넣은 대상에게 전달하지 않는다고 하더라도 화를 진정시키고 스트레스를 푸는 효과는 있었을 것 같다.

이 '분노의 전문'을 통하여 버거킹의 분노는 개인 고객의 그것으로 전이된다. 여기서 버거킹을 칭찬할 만한 요소들이 있다. 버거킹은 한국에서는 '내 방식대로 즐긴다'로 번역한 'Have it your way'란 슬로건으로 고객 하나하나의 개성에 호소하는 커뮤니케이션이나 마케팅 프로그램을 실시해왔다. 인기 카툰 〈심슨(The Simpsons)〉의 캐릭터로 개인을 변화시키기도 했고, 브라질의 어느 매장에서는 포장지에 고객의 사진을 심어주어 화제가 되었다.

'와퍼를 메뉴에서 없애버렸다'는 종업원의 말에 당황하고 화를 내는 고객들의 모습으로 광고를 만든 '와퍼 대공황(Whopper Freakout)'[72] 캠페인이 있었다. 당연히 있어야 할 것이 없어진 반전에 더하여, 고객 개개인을 주인공으로 하면서 그들의 '분노'에 초점을 맞췄다는 것을 주목하고 싶다. 같은 상황을 맥도날드에 적용하여 '빅맥 대공항(Big Mac Freakout)' 캠페인을 했다면, 아마도 빅맥이 없어지지 않았다는 사실을 발견하고 기뻐하는 모습을 더 부각시켰을 것 같다. 반전의 전개와 결과도 브랜드의 성격에 따라 달라질 수 있다.

부조화 속
피어나는 반전

Twist with Dignity

모순

공존하며 충돌하다

[矛盾]

혁신은 반전에서 나온다

"내가 현대를 발명했단다."

1930년대 미국에서 10대 소년과 교육제도를 가지고 논쟁을 벌이던 60대 노인이 "이제 시대가 달라졌어요. 현대라고요"라는 소년의 말에 위와 같이 대답했다. 이런 엄청난 말을 던진 사람이 누구일까? 후보로 어떤 이들을 올릴 수 있을까? 막연한 질문이라서 제대로 답한 사람이 없지만, 정답을 알려주면 모두 고개를 끄덕인다. 그 주인공은 헨리 포드이다. 워낙 저 말이 유명해서 제목으로 가져다 쓴 헨리 포드 평전 같은 것도 있다.

"고객은 어떤 색상의 차든 가질 수 있다. 단지 그게 검은색이기만 하다면."

현대를 발명했다는 미국 자동차 산업의 선구자 헨리 포드가 모델T를 두고 했다는 유명한 말이다. 반전의 묘미가 있는 표현인데, 헨리 포드의 공식 자서전이라고 할 수 있는 《나의 삶과 일(My

Life and Work)》73에는 이렇게 쓰여 있다.

"검은색이기만 하다면 고객은 원하는 어떤 색상으로든 도장된 차를 가질 수 있다."

헨리 포드가 이 말을 한 시기는 1909년이었다. 세일즈맨들과의 강연 형태의 회의에서 한 말이라고 한다. 그런데 1908년에 나온 모델T는 녹색이 주조였다. 그리고 위의 말을 한 이후로도 1913년까지 여러 색상의 모델T를 살 수 있었다. 검은색으로만 한정되어 생산된 건 1914년에서 1925년까지라고 한다. 1926년과 1927년도 모델은 녹색, 파란색, 갈색 등도 제공되었다. 사실 저 말은 한 플랫폼으로 비용 절감을 하면서 자동차를 생산하고 판매하는 효과를 극적으로 표현하기 위한 것이었다. 하필이면 검은색이었던 이유도, 페인트칠이 빨리 말라서 시간당 생산 대수를 늘일 수 있는, 곧 비용과 관련이 있다는 사실은 잘 알려져 있다.

"우리 회사가 했던 비용 절감 노력 가운데서 가장 똑똑한 것."

헨리 포드가 이렇게 자부했던 조치는 무엇이었을까. 바로 비용 절감과는 완전히 반대 방향으로 들리는 임금 인상이었다. 그것도 하루아침에 2배로 인상했다. 이 조치를 두고 미국 기업계를 무너뜨리는 반역적인 행위라는 비난까지 나왔다. 나중에 경영학자들은 직원을 고객으로 바꾸어 자동차 구매를 권장하기 위한 고도의 마케팅 계획이라고도 했다. 그러나 포드의 의도는 단지 직원들이 퇴직하지 않고 오래 다님으로써, 채용과 교육에 드는 비용을 줄이고, 노동 생산성을 높여 수익성을 개선하는 것이었다.

실제 제품 소비를 장려하기 위해 그가 취한 조치는 주 5일 근무였다. 포드는 "일주일에 5일만 일하는 사람은 일주일에 6일 일하는 사람에 비해 더 많은 상품을 소비할 것이다"라고 했다. 시간 여유가 생기면 의류와 음식 소비도 늘어나고, 돌아다니는 시간도 생기면서 운송 수단을 이용하게 될 것이라고 예측했다. 일하는 시간을 줄여서 생기는 궁극적인 반전의 결과를 이렇게 예측했다.

"일자리는 더 많아질 것이고, 임금도 더 높아질 것이다."

사실 무엇이 먼저라고 하기 힘들게 선순환을 만들어냈다. 노동자들이 생활수준을 높이는 데 그 돈과 시간을 쓰면서 포드자동차와 같은 임금이 높아진 기업들에만 국한되지 않고, 사회 전반적으로 새로운 일자리가 만들어지고 활발하게 시장이 돌아가면서 수입은 늘어났다. 이런 것을 2020년 1월 작고한 클레이튼 크리스텐슨(Clayton Christensen)[74]은 '시장 창조 혁신(Market-creating Innovation)'이라고 하며, 헨리 포드의 성취를 대표적인 사례로 들었다. 그런 혁신을 반전의 기법으로 표현하는 데 뛰어났던 헨리 포드는 다른 한편으로 그의 인생에서 숱한 반전을 보여준 인물이기도 하다.

■

내로남불도 반전인가?

　헨리 포드의 측근으로 집사, 보디가드, 해결사와 같은 역할을 맡아온, 우리로 치면 가신(家臣)의 반열에 올릴 수 있는 해리 베넷(Harry Bennet)이란 이가 있었다. 해군 병사로 뉴욕 거리에서 싸움질을 하던 그를 헨리 포드가 우연히 보고 직접 면담하여 채용했다. 그리고 30여 년간 그의 옆을 지키면서 별다른 공식 직함은 없었으나 상대에게 완력을 보이며 위협하거나, 지저분하게 일을 해결해야 할 때 나섰다. 헨리 포드가 세상을 뜬 지 4년 후인 1951년에 해리 베넷이 책을 냈다. 내가 읽은 책은 2015년에 당시 다니던 현대차그룹 자료실에서 빌린 것이었다. 1987년 판인데 책 옆면에는 한자로 '起亞經濟硏究所'라는 직인이 찍혀 있었다. 1998년에 기아차가 현대차그룹에 합병될 때 함께 왔던 자산이었던 것이다.

　헨리 포드란 인물이 20세기 최고의 산업자본가이자 기술자임에는 누구도 이의를 제기하지 않을 것이다. 그런데 일개인으로 보면 그는 너무나도 괴팍하고 이해하지 못할 구석이 많다. 거의 청교도 수준의 도덕성을 강조하던 이가 해리 베넷 같은 싸움꾼, 건달을 직접 채용하고, 옆에 두고 최측근으로 중용했던 것도 그렇고, 여러 면에서 즉흥적이고 일관성 없는 모습을 수시로 보여주었다. 책에 나타난 일화 하나를 보자.

1931년경 헨리 포드는 대형 승용차에 주로 쓰이는 V형 8기통과 직렬(I형) 6기통 엔진을 개발하기 시작했다. 그런데 관련한 기밀 엄수를 얼마나 강력하게 시행했는지, 공장의 최고책임자가 크라이슬러의 창립자와 엔진에 대해 얘기를 나누었다는 소문을 듣고는, 사실이면 바로 해고하라고 소리쳤다. 그러면서 해리 베넷에게 누구라도 엔진 관련해 바깥에 어떤 얘기라도 하면 즉시 목을 자르라고 했다. 해리 베넷의 역할이 그런 거였다. 해고하고는 별다른 소리가 나오지 않게 침묵시키는 등의 일을 했다. 워낙 기술과는 관련이 없기도 했지만, 포드가 심하게 몰아쳐서 해리 베넷은 엔진에 대해서는 관심도 가지지 않았고, 구경 삼아 보기라도 하라는 권유조차 뿌리쳤단다.

그러던 어느 날 GM(General Motors)의 대표인 알프레드 슬로언(Alfred Sloan)[75]이 GM의 중역 몇 명과 포드 공장에 왔다가 헨리 포드의 사무실에 들렀다. 잠시 환담을 나누더니, 포드가 GM 일행을 끌고 엔진 개발실로 가서 극도의 보안을 유지하던 두 엔진을 아무렇지도 않게 보여주었다는 것이다.

비슷한 경우로 한국에서 볼멘소리 하는 걸 들은 적이 있다. 인사를 담당하던 이였는데, 외국인 인재를 스카우트하라는 명을 받았다. 최고의 인재를 뽑으라고 했지만, 영입 대상자의 연봉 상한선이 있었다. 몇몇 좋은 인재들이 있었지만 연봉이 그들이 원하는 수준에 미치지 못해서 협상이 결렬되었다. 수차 인사 담당 임원을 통하여 연봉 수준을 높이거나 예외를 인정해달라고 요청했으나 별반 소용이 없었다. 연봉 가이드라인에 맞는 인사들은 인사팀과 최고경영층에서 기준에 맞지 않는다고 했다. 결국 시간만 보내고 적합한 인재 영입에 실패했고, 일처리를 못했다고 질책을 받았다. 낙담하던 차에 대표이사가 직접 나서서 해외 인재를 뽑았다고 했다. 자신이 선발한 인재를 소개하며 대표이사에게 업무를 제대로 하지 못했다고 한소리 들었다. 나중에 보니 그 영입 인사의 연봉은 원래의 가이드라인보다 2배 이상 높았다.

다른 이들, 특히 자기 아랫사람들에게는 엄격한 기준을 제시하고 어길 경우 무자비한 필벌 원칙을 적용하면서 자신은 그런 기준에 예외로 두는 이들이 많다. 그게 심해지면 모든 것에 자신은 옳다는 무오류의 오류에 빠진다. 귀에 달게 붙는 소리만 듣고, 쓴소리를 하는 사람에게는 귀를 닫고, 가능하다면 해리 베넷 같은 인물을 이용하여 물리적인 탄압까지 일삼는다. 헨리 포드는 '역사는 허풍이다'라고까지 하면서 역사적 사실이나 그에 기반한 경고까지 물리치며 유대인 박해와 히틀러의 나치 독일을 찬양하는 데 앞장섰다.

독실한 성공회 신자를 자부하며 포드는 노동자들도 자신과 같이 경건하며 독실한 삶을 살아야 한다고 했다. 브라질에 고무농장을 지었을 때는 노동자들의 성병 여부까지 정기적으로 검사하곤 했다. 앞에서 포드와 교육제도를 가지고 토론을 한 소년 이야기를 했다. 그 소년은 포드가 그의 비서 중 한 명이었던 내연녀에게서 낳은 아들이라고 한다. 실제 포드가 그 소년의 엄마인 정부와 30년 넘게 내연 관계를 유지해왔다는 게 정설이다.

정식 결혼에서 헨리 포드는 에드셀 포드(Edsel Ford)라는 외아들을 두었다. 1925년부터 포드 자동차의 경영을 에드셀 포드에게 맡겼지만, 헨리 포드 자신이 상왕처럼 영향력을 발휘했다. 트렌드에 맞춰 예술적 가치를 자동차에 부여하려던 에드셀 포드와 실용성만을 강조하던 헨리 포드는 마찰을 빚었다. 그런 부자간 갈등이 에드셀 포드의 건강 악화를 불러왔고, 결국 1943년에 에드셀 포드가 세상을 떠나자 헨리 포드는 다시 공식적으로 최고경영자로 돌아왔다. 이들 부자 관계는 조선시대 영조와 사도세자를 보는 듯하다. 에드셀 포드라는 이름은 마케팅 실패의 대표로 꼽히는 자동차 이름으로 남았다.[76] 자동차를 사랑했지만 아버지의 그늘을 벗어날 수 없었던 아들의 비운의 반전이었다.

"시간이 없어 길게 씁니다"

어느 잡지의 편집자가 미국의 대표적인 소설가로 명성을 날리기 시작하던 마크 트웨인에게 이틀 만에 2쪽짜리 단편소설을 써

달라고 요청했다. 마크 트웨인은 전보로 이렇게 대답했다.

"이틀 동안 2쪽을 쓸 수 있는 사람은 없소. 이틀에 30쪽은 쓸 수 있소. 2쪽을 쓰려면 30일이 필요합니다."[77]

뜻은 너무 자명하다. 생각을 다듬어 의미를 압축하여 정제된 문장들을 구성하려면 시간이 필요하다는 얘기다. 이런 비슷한 일화들은 문화예술계에 꽤 많이 회자되어 왔다. 20세기 전반 영국의 최고 소설가로 유머 섞인 에피소드로는 마크 트웨인에 뒤지지 않은 윌리엄 서머싯 몸에게 신예 소설가가 찾아와서 말했다. "왜 내 소설은 어느 잡지도 실어주지 않는 거죠? 나는 3일에 한 편씩 소설을 써서 보내는데 1년이 걸려도 아무 곳에서도 연락이 오지 않아요." 몸이 조용히 그에게 말했다. "1년을 걸려서 써보시오. 3일도 안 되어서 원고를 게재하겠다는 곳이 나타날 거요." 미술계로 넘어오면 '3일 만에 그린 작품은 1년이 넘어도 팔리지 않는데, 1년 걸려 완성한 그림은 3일도 안 되어 팔린다'는 식으로 변형되어 돌아다닌다.

"이 이야기를 담기에 15초는 너무 길고 30초는 좀 짧습니다."

요즘 광고계에서는 듣기 힘들지만 이전에는 누군가 프레젠테이션에서 했다며, 이런 말이 창작자도 모른 채 돌아다니기도 했다. 30초 운운한 것이 아마도 미국에서 나온 말인 것 같다. '15초'와 '30초'라는 구체적인 비교 대상들이 반전의 효과를 가져온다.

"시간이 없어서 편지가 길어졌습니다"라는 문장은 제2차세계대전 때 일본의 한 부인이 전장에 나간 남편에게 쓴 편지의 마지막 인사말이었다고 들었다. 나중에 보니 세계 여러 나라에 비슷하게 편지를 마무리했다는 기록들이 있었다. 진실인지 거짓인지는 모르겠다.

노벨문학상 수상의 가장 강력한 후보로 몇 년째 이름만 올리고 있는 일본의 소설가 무라카미 하루키는 마감보다 좀 여유 있게 원고를 보내는 걸 원칙 비슷하게 삼고 있다고 한다. 마감은 연기하라고 있는 것이라고 말하는 이들이 많고, 그렇게 원고를 미루는 게 작가답게 보이는 거라고 하는 이들도 많다.

하루키 같은 유명 작가에 비할 바가 아니지만, 나도 원고는 마감에 맞춰서 보낸다. 마감에 못 맞춘 경우가 두 번 있었다. 한 번은 마감을 잘못 알고 있었다. 다른 한 번은 마감보다 3~4일인가 먼저 원고를 보내며 이런 말을 덧붙였다.

"너무나 일정이 바빠서 원고를 일찍 보내게 되었습니다. 양해 바랍니다."

실제로 그랬다. 초고를 곱씹는 시간은 물론이고 보내는 걸 잊을 것만 같았다. 그 원고의 길이는 역시나 그 연재의 이전 원고보다 길었다.

"젊어지는 데 그리 오랜 시간이 걸리네"

현대미술에 대해서 제대로 배운 적이 있었던가. 단순히 미술 교과서에서 작품 몇 점 구색처럼 실린 것을 보고 문제풀이를 위하여 화가와 작품 이름만 외워댔다. 배운다고 제대로 감상할 것이란 보장도 없기는 했지만, 그런 상태에서 제대로 그림을 보는 눈을 키울 수 있었겠는가. 특히 대표적인 인물인 파블로 피카소 [78]의 그림이 어떻게 그리 높은 평가를 받는지, 엄청난 가격을 받는지 이해할 수 없었다. 어린 시절에 만난 피카소는 자신보다 수십 살이나 아래인 여성과의 염문이나 결혼, 아니면 경매에서 연이은 최고가 경신 등으로 해외 토픽에나 나오는 인물이었다. 그런데도, 아니 그래서인지 파블로 피카소는 뻔뻔하다고 할 정도로 항상 자신감에 차 있었다. 예술을 알지도 못했고, 관심을 쏟을 여건도 안 되어 — 사실 그럴 핑계가 너무 많았다 — 피카소라는 이름은 화가보다 미국 뉴욕 맨해튼에서 최초로 한국계 젊은이들을 타깃으로 열어 한동안 인기를 끈 술집 이름으로 먼저 연상되었다.

뉴욕에 오래 머물면서 누구나 그러하듯 유명 미술관들을 의무처럼 가게 되었다. 피카소 특별전도 아닌데 그의 작품들 몇 점이 시대순으로 전시되어 있는 곳이 있었다. 뉴욕현대미술관(MoMA,

Museum of Modern Art)이다. 1881년생인 그가 20대 중후반인 1906년부터 4년 동안 내놓은 3개의 작품이 눈에 들어왔다. 〈말을 끄는 소년(Jeune Garçon au Cheval)〉은 전통적인 화풍에 가깝다. 이어 미완성이기는 하지만, 익히 아는 입체파 최초의 작품이라는 〈아비뇽의 처녀들(Les Demoiselles d'Avignon)〉이 있고, 면들을 더 잘게 쪼개서 더욱 입체적으로 그린 〈배와 여자(Femme avec Poires)〉가 있었다. 뉴욕현대미술관의 전시는 아니지만 피카소의 만년에 한 친구가 시기별로 정리된 피카소의 작품들을 보고, '자네는 나이를 거꾸로 먹었네'라는 식의 상투적인 말을 했더니, 피카소가 답했다는 반전의 표현이 떠올랐다.

"젊어지는 데 그리 오랜 시간이 걸린다네.(It takes a very long time to become young.)"

피카소가 영어로 말했을 리는 없지만, 내가 읽은 책에는 이렇게 영어로 적혀 있었다. 언어를 떠나 이러한 반전의 표현을 만들어낼 수 있는 예술가라면 충분히 그 정도로 뻔뻔해도 된다. 그런 피카소가 평생을 두고 흠모한 화가가 있다. 피카소를 빼고 '스페인 화가' 이름을 대라면 압도적인 1위로 뽑힐 디에고 벨라스케스(Diego Rodríguez de Silva y Velázquez, 1599~1660)이다. 나이를 먹으면서 젊어졌다고, 진짜 젊음을 알게 되었다며, 곧 세상의 이치를 깨달았다는 이 자부심 강한 천재가 고개를 숙이고 오마주 작품을 남겼다는 게 놀랍다. 바로 벨라스케스 하면 가장 먼저 떠올리는 작품 〈시녀들(La Meninas)〉이다.

화가로부터 시작하여 공주, 시녀, 난쟁이와 개, 국왕 부부 등 원래 작품의 등장인물들의 위치까지 동일하게 피카소의 오마주 작품에 등장한다. 당연히 피카소의 그림은 시간이 흐르면서 젊어진 화풍에 따라 재해석되면서 분해되고 색채가 바뀌었다. 벨라스케스의 〈시녀들〉을 소재로 하여 무수한 오마주와 패러디 작품들이 나왔지만, 피카소의 이 작품을 가장 위대하다고 한다. 앞에 인용한 피카소의 말이 적힌 책에서 본 피카소의 다른 유명한 말이 생각난다. 잊지 말아야 할 것은 그가 언뜻 장난친 것처럼 보이는 〈시녀들〉을 완성하기 위하여 엄청난 시간과 노력을 기울였다는 점이다. 바르셀로나의 피카소 미술관에만 무려 46점의 〈시녀들〉 오마주 작품이 전시되어 있다고 한다. 그렇게 그는 자신의 말을 실현했다.

"좋은 예술가는 모방하고, 위대한 예술가는 훔친다."

무식이 답이 되는 골드위니즘

할리우드 영화계를 개척한 제작자 중 하나, 할리우드 황금시대의 마지막 거물 등으로 불렸던 새뮤얼 골드윈(Samuel Goldwyn, 1879~1974). 영화사 이름으로 친숙한 MGM의 중간 G가 그의 이름에서 딴 것이다. 70여 편 이상의 영화 제작자로 나섰는데, 그의 대표 작품으로는 〈양키스의 자부심〉, 〈포기와 베스〉, 〈폭풍의 언덕〉, 〈아가씨와 건달들〉, 〈월터의 상상은 현실이 된다〉[79] 등이 있다.

그의 이름을 딴 '골드위니즘(goldwynism)'이란 단어가 사전에 등재되기까지 했다. 골드위니즘은 '언어의 익살스러운 오용(malapropism), 비유의 혼합, 의도적인 문법적 실수'를 담은 표현을 말한다. 새뮤얼 골드윈이 워낙 그런 말들을 많이 했다고 하는데, 대표적인 것들을 뽑아봤다. 각 표현마다 반전의 묘미를 담고 있다.

"그건 절대 불가능이야. 그래도 가능성은 있지."

영화 소재를 발굴해서 투자자들을 모으는 게 제작자의 주요 역할 중의 하나이다. 아마도 '그런 영화는 절대 성공할 수 없다'는 말을 수도 없이 들었을 것이다. 거기에 동의하면서 슬쩍 어리석다는 것을 자처하며 내뱉는 표현으로 어울렸을 법하다. 사실 그는 가능성을 가지고 다른 표현도 썼다. 아마도 골드위니즘으로서는 가장 많이 알려진 표현이다.

"단 두 단어로 말하지. 불-가능."

여러 조건을 내세우는 투자자나 감독이나 배우들에게 한 얘기로 추정된다. 두 단어로 간략하게 결론을 내린다고 하면서 '불가능'이라는 한 단어로 내질렀다. 아마도 이익 분배 등에서 구두 합의를 한 다음에 지키지 않으면서 한 말일 수도 있다. 실제 그는 구두 합의를 해놓고도, 나중에 발뺌하는 소리를 골드위니즘적으로 하기도 했다.

"구두 합의는 그것이 쓰인 종이만큼의 가치도 없어."

서로 말로써 합의했는데, 무슨 종이가 나온단 말인가. 가치가 없다는 걸 스스로 모순되게, 무식한 티를 내면서 말함으로써 더욱 강조하면서, 상대의 논리적 반박을 차단해버리는 효과를 가져왔다. 개그 중의 최고봉은 자학개그라고 하는데, 지식이나 교양이라곤 없는 이로서는 자신을 무방비 상태로 드러내는 게 어찌보면 비즈니스에서는 더욱 효율적인 방식일 수 있다. 그런 면에서 내가 좋아하는 골드위니즘 표현은 이것이다.

"죽기 전에 자서전을 쓰는 사람도 있나."

자신의 생애를 직접 쓰는 게 자서전인데, 보통 죽고 난 후에 다른 사람이 쓰는 전기(biography)로 착각했거나 둘의 차이를 모르는 것같이 말한다. 그런데 이 말은 원래 "자서전을 쓰실 계획은 없습니까?"란 기자의 질문에, "죽고 나서 한참 지나면 가능할까"라고 대답한 게 살짝 바뀌어서 알려진 것이라고 한다. 아는 척하는 것보다 아예 모르는 척, 무식한 척하는 게 약 이상의 공격적 방어 수단이 될 수 있다. 사리에 어긋나 보이기는 해도 효과는 있다.

비극은 수치로 재단할 수 없다

우리가 병자호란[80]이라고 부르는 난리의 슬픈 클라이맥스는 인조가 농성하던 남한산성에서 지금의 잠실 쪽으로 나와 삼전도에서 청나라 숭덕제(崇德帝, 홍타이지)에게 행한 삼궤구고두례(三跪九叩頭禮)였다. 예를 주관하는 이의 명령에 따라 세 번 무릎 꿇고, 그때마다 세 차례 머리를 땅에 대며 절을 하는 항복의 의례이다. 정상들 간의 격식 차린 삼전도에서의 의식 이후, 청군들의 말발굽 아래에서 조선 양민들이 겪어야 했던 고난은 롱테일(long tail)처럼 길게 오래 지속되었다.

수많은 조선의 백성들이 소빙하기라고까지 부르는 1600년대 중반의 혹독한 겨울 날씨에 노출된 채 북쪽으로 끌려갔다. 30만에서 60만까지 이르는 수십만 명이 피로인(被擄人)으로 잡혀갔다고 하는 게 우리가 배운 정설인데, 서울대학교 구범진 교수는 《병자호란, 홍타이지의 전쟁까지》(2019)에서 그 숫자가 과장이며, 아무리 많이 잡아도 수만 명 수준이라는 걸 입증했다. 그러나 같은 책에서 구 교수가 언급했듯이 '수십만 명이 되어야 비로소 비극이 되는 것은 아니'고, '수만 명이라고 해서 비극의 정도가 줄어드는 것도 아니다.'

사실 비극을 더욱 심하게 만든 건 청나라까지 끌려갔다가 온 사람들, 특히 여성들에 대한 조선인, 특히 사대부라고 하는 이들의 태도였다. "잡혀간 것이 본심은 아니지만 이미 정절을 잃어 대의가 끊겼으니 억지로 결합하게 할 수 없다"와 같은 말을 그나마 청군에게 잡혀갔다가 돌아온 여성들을 봐주는 척하면서 내뱉었다. 오히려 청군이 절개를 지키는 조선 여인들의 자세에 경의를 표하는 기록이 나온다.

삼전도에서의 항복 이후 8년이 지난 1645년 4월 말 만주부터 중원까지 석권한 청군이 장강(양자강) 바로 북쪽의, 명대에 소금산업의 중심지로 번성했던 양주성(楊州城)에 들이닥쳤다. 사가법(史可法)이란 인물이 양주성 수비의 책임을 지고 있었다. 청군은 수차례 항복 권유를 했지만, 사가법의 대답은 빗발치는 화살과 유럽식 소형 대포 포탄이었다. 청군이 만주를 떠나 중국 땅으로 들어온 이후 최대의 피해를 당했다고 한다. 그런 저항도 잠깐이었다. 토산처럼 쌓인 청군 자신들의 시체를 밟고 성벽 위로 뛰어 올라온 청군은 순식간에 양주성을 점령했다. 그리고 자신들이 당한 피해에 대한 보복인지 공식 명령으로 5일 동안 마음대로 도륙할 것을 허가했다. 고삐 풀린 병사들을 제어하지 못하여 약탈과 학살과 강간은 10일 동안 자행되었다. 그 와중에 청군에게 아양을 떨면서 약탈물들을 나누어 가지던 여성들이 꽤 있었다고 한다. 그들 여성들에게 청군이 호통을 쳤다.

"우리가 고려(조선을 말한다)를 정복할 때에, 고려 부녀자 수만을 포로로 잡았는데, 절개를 버리고 몸을 내맡기는 자가 한 명도 없었다. 어찌하여 당당한 중국이 수치를 모르기가 이 지경에 이르렀단 말인가?"

이런 말을 청군에게 잡혀갔다가 돌아온 며느리에게 차마 조상의 제사를 맡길 수 없다며, 아들과의 이혼을 허락해달라고 왕에게 호소하는 조선 대신들이 들었다면 마음이 좀 달라졌을까. 위의 말을 한 청군은 "안타깝도다. 중국이 이리 어지럽게 된 이유가 바로 이것이다(嗚呼, 此中国之所以乱也)"라고 외쳤다. 패배의 책임은 외면하고 절개의 잣대를 엄격하게 잡혀갔던 여인네들에게 들이댔던 조선의 사대부들에게 같은 말을 전하고 싶다.

Conflict

갈등

말과 행동에 날이 서다

12 [葛藤]

반격은 오바마처럼

"이 문제가 잠잠해지는 걸 이분만큼 기쁘게 자랑스럽게 맞이할 분은 없을 겁니다."

2011년 4월 당시 미국의 대통령이었던 버락 오바마가 백악관 기자단 초청 연례 만찬 행사에서 했던 연설의 한 대목이다. 언급된 '이 문제'는 오바마 자신의 출생증명서를 둘러싼 논란이었다. 힐러리 클린턴과의 2008년 민주당 대선 후보 경선 과정에서 하와이 태생이라는 오바마가 실제는 미국에서 태어나지 않았다는 의혹을 힐러리의 열혈 지지자가 제기했다. 미국 선거법에 미국 영토에서 태어나지 않았으면 출마 자격이 없다고 한다. 의혹을 제기한 사람들을 지칭하는 말로 '출생'이라는 'birth'에 사람을 뜻하는 'er'의 복수형을 붙인 'birthers'란 신조어가 생겼다. 그들은 "버락 오바마는 하와이가 아닌 케냐에서 태어났다. 오바마는 유년 시절을 인도네시아에서 보냈고, 당시 미국 국적을 상실했다.

출생증명서만 공개하면 되는데 하지 않는 걸 보니 뭔가 숨기는 게 있는 것이다"라고 주장했다.

결국 오바마는 하와이 주정부로부터 출생증명서를 요약한 복사본을 받아서 자신의 홈페이지에 공개했다. 하와이 주정부는 출생증명서를 2001년에 모두 전산화하여 원본은 공개하지 않는다는 규정을 만들었기에 복사본을 제출할 수밖에 없었다. 원본이 아니라 믿을 수 없다는 말부터 시작하여, 오바마가 하와이 주정부에까지 영향을 미쳐서 위조된 사본을 만들었다, 주정부에서 쓰는 용지와 다르다는 식의 문제를 지적하는 이들이 나왔다. 그래도 민주당 내의 인사들은 대체로 잠잠해졌는데, 오바마가 민주당 대선 후보로 선출되자 상대인 공화당의 극보수 인사들이 나섰다. 그마저도 2008년 11월에 오바마가 당선이 된 후에는 사그라졌는데, 2011년에 다시 '이 문제'를 들고 나온 인사가 있었다. 서두에서 언급한 '이분'인데, 바로 오바마를 이어 대통령이 된 도널드 트럼프였다.

1990년대 말부터 대통령 후보로 나설지 모른다는 말은 있었지만, 정치권과 일정 거리를 유지하고 있던 트럼프가 2011년 3월에 몇 년 동안 극우 음모론자로 취급되는 이들이나 하던 오바마 출생증명서 의혹을 라디오 방송에 출연하여 언급했다. "오바마 대통령은 출생증명서가 없거나 있어도 아주 불리한 내용일 것"이라며 거의 꺼져 있던 의혹의 불씨를 되살리고, 본인의 트위터 계정과 방송을 통해 계속 맹공을 퍼부었다. 트럼프와 같이 주목받는 인사가 쏟아내는 말들을 언론사들이 중계했고, 논란이 눈덩이처럼 커지자 오바마 대통령이 하와이 주정부에 특별 요청을 해서 원본 전체를 카메라 입회하에 복사하고, 복사본을 그대로 공개했다.

당연히 의혹은 사라지지 않았다. 2008년 요약본 복사 때와 거의 같은 소리를 내는 이들이 나타났다. 하와이 주정부에서 이미 위조했다, 선이 비뚤어졌다, 그 시대에는 별로 쓰이지 않던 용어가 보인다 등등 믿지 않으려 작정한 이들이 소리를 높이는 가운데, 트럼프는 그들의 의문을 틈틈이 중계하면서 자신이 앞장서서 출생증명서 공개를 이끌어냈다고 생색을 내며, 승리자로서 자신을 내세웠다. 그런 트럼프에 회심의 반격을 날린 게 바로 서두에서 인용한 문장으로 시작되는 오바마 연설의 한 토막이었다. 트럼프도 참석한 만찬에서 오바마가 연설을 이어갔다.

"이제 미스터 트럼프는 마침내 더 중요한 이슈들에 집중할 수 있으실 테니까요."

여기서 한 호흡을 쉬면서 주로 기자들이 대부분인 청중들의 호기심을 최대로 유발했다. 오바마가 생각하는, 트럼프가 주력할 일들이란 무엇인가?

"이를테면 달에 간 게 가짜인가? 로스웰에서는 무슨 일이 있었는가? 비기와 투팍은 어디에 있는가? 같은 문제들요."[81]

아폴로 11호를 타고 간 닐 암스트롱의 최초 달 착륙은 깃발이 바람에 나부끼는 것부터 시작하여 거짓이라는 얘기가 음모론자들의 단골 메뉴이다. 미국 뉴멕시코주의 군 기지인 로스웰(Roswell)에 떨어졌다는 UFO와 외계인 이야기도 마찬가지이다. 거기에 총 맞고 사망한 힙합 래퍼 비기(Biggie)와 투팍(Tupac)[82]이 사실은 어딘가에 살아 있다는 얘기도 엘비스 프레슬리 생존설처럼 계속 떠돈다.

트럼프를 그런 세간의 음모론자들이나 떠드는 것들을 가지고 나오는 인물로 공개석상에서 망신을 준 유명한 연설이다. 트럼프가 집중할 중요한 일들이 있다고 하며 잠깐 포즈 후의 반전이 인상적이었다. 세간의 속설로는 그때의 모욕에 트럼프가 대통령이 되겠다는 생각을 굳혔다고 한다. 그 역시 말로는 나오지 않았지만 나름의 반전이 이루어졌다고도 할 수 있다. 원래 조크 섞어 연설을 잘했던 오바마인데, 트럼프를 들었다가 메친 이 연설이 최고라고 하는 이들이 많다. 어쨌든 트럼프는 여기서 절치부심하여 대통령까지 갔으니, 어울리지 않는 조합이 둘 모두에게 힘이 된 반전으로 꽃피었다.

■

친구이자 적, 프레너미

"아버지께서 말씀하셨죠. 친구는 가까이 두어라. 그런데 적은 더욱 가까이 두어라."

영화 〈대부〉 2편에서 마이클 콜레오네로 분한 알 파치노가 그에게 불리한 결정적 증언을 하려는, 현역에서는 이미 은퇴한 늙은 전직 마피아 단원에게 한 말이었다. 그 방에서 아버지가 자신에 많은 가르침을 주었다며, 그중의 하나라고 한다.

일단 1차로 이렇게 협박을 당한 늙은 단원은 증언대에 선다. 그런데 이탈리아에서 미국의 재판정까지 콜레오네파의 위협적 보호 속에 나온 그의 형을 보고 증언하지 않고, 결국은 스스로 목숨을 끊는다. 그 이전 1편에서 아버지 비토 콜레오네가 조직 내에 배신자가 있다는 것을 감지하면서 이런 얘기를 아들에게 한다. 배신자를 더욱 가까이 두어서 배신하지 못하게 하라는 의미였다. 마이클 콜레오네의 말은 배신자일수록 가까이에서 어떤 해라도 가할 수 있으니 알아서 처신하라는 경고였고, 그 경고는 제대로 효과를 거두었다.

이 말에서 언론계와 정계에서 오래 활동을 했던 남재희 선생의 회고 하나가 생각났다. 남재희 선생이 노동부장관을 지내던 김영삼 대통령 시절의 일이다. 한국노총만 인정하던 정부와 당시 여당이었던 민자당 사람들에게 그는 민주노총을 대화 상대로 집어넣어야 한다고 주장하고 설득했다. 민자당의 중진이라는 의원이 '민주노총은 빨갱이가 아니냐'라고 하니 그가 이런 말을 했다고 한다.

"미국의 존슨 대통령이 말썽이 많은 한 사람을 입각시키려 하니까 측근 참모가 그 사람은 문젯거리 아니냐고 이의를 제기했대요. 그랬더니 존슨이 하는 이야기가 '그 말썽꾼을 텐트 안에 넣으면 오줌 눌 때 텐트 밖으로 눌 것 아니야. 밖에 두면 텐트 안으로 오줌을 갈겨댈 거고'라고 하더랍니다."

적이라고 생각할수록 가까이 두는 게 좋다. 사람들과의 적당한 거리가 관계를 오래 유지하는 요소가 되기도 한다. 근 20년 전에 미국에서 사귄 동갑내기 교포 친구는 가끔 이렇게 말했다. "우리 둘은 서로 말 놓지 맙시다. 너무 가까워지면 사이가 틀어지기 쉬워요." 그의 말 덕분인지 지금도 서로 존대는 하지만 좋은 사이를 유지하고 있다. 미국의 계관시인이라고 불리는 로버트 프로스트의 시 〈담장 고치기(Mending Wall)〉의 한 구절 "좋은 담장이 좋은 이웃을 만든다(Good fences make good neighbors)"를 제대로 실천하고 있다고 할까.

'친구'와 '적'의 대비에 물리적이거나 심리적 거리의 고정관념에 대한 도치를 통해서 반전을 만들어내고 있다. 친구이면서 적이라는 의미를 지닌 'friend'와 'enemy'의 합성어 '프레너미(frenemy)'라는 말이 꾸준히 쓰이고 있는 까닭이기도 하다. 어느 때는 적을 만드는 게 더 많은 친구들을 만드는 반전을 만들어내기도 한다. 미국 대통령이었던 도널드 트럼프는 국가나 사람들이나 친구와 적이라는 이분법으로 나누는 경향이 강했다. 그가 "나는 친구 만들기를 좋아한다. 하지만 적을 만들어내는 게 더욱 좋다"
라는 말도 했다고 한다. 사람들을 결집하고 지지하게 만드는 데
는 공통으로 좋아할 대상보다는 증오할 상대를 설정하는 게 더
유리하다고 한다. 인간의 갈등 관계를 힘으로 만드는 반전이다.

■

'덜'이 아닌 '더'의 변명

〈남산의 부장들〉 영화를 개봉한 지 한참 지나서 보았다. 큰 줄
거리는 대부분 알고 있고, 그 당시의 세세한 부분까지 기억하고
있어 영화와 맞춰보는 재미도 있었다. 전현직의 두 중앙정보부
부장들이 친구 사이로 나오고, 경호실장으로 나온 인물이 키가
크고 사투리를 쓴다든지 하는 사실과 좀 다른 부분들이 있지만,
배우들의 빛나는 연기와 워낙 극적인 사건이기에 시종일관 주의
를 기울여서 보았다. 마지막에 자신을 아껴준 대통령을 살해한
중정 부장의 최후 진술이 육성으로 나오는 부분에서 윌리엄 셰익
스피어의 희곡 〈율리우스 카이사르(The Tragedy of Julius Caesar)〉에
나오는 암살범 브루투스의 연설 대목이 계속 어른거렸다.

"여기 모인 사람들 어느 누구보다 저 브루투스는 카이사르를
사랑했습니다. 왜 브루투스가 카이사르에 대항하여 일어났는지
묻는다면 이게 저의 대답입니다: 카이사르를 덜 사랑했기 때문

이 아니라, 로마를 더 사랑해서였습니다."

'브루투스, 너마저'라는 말의 주인공인 브루투스가 카이사르의
장례식에 참석하여 토한 열변의 하이라이트 부분이다. '~을 덜
사랑하기 때문이 아니라, ㅡ을 더 사랑해서'라는 표현은 수없이
반복되었다. 우리로 치면 애국심이라고 할 수 있는 로마, 곧 로마
공화정에 대한 사랑이 카이사르라는 개인에 대한 사랑을 이겨서
암살에 가담하게 되었다는 브루투스의 말에 카이사르의 장례식
에 모인 추모 군중들의 마음이 움직이려 할 때 카이사르의 부하
무장인 안토니우스가 등장해 연설을 시작하며 반전이 일어난다.

"친애하는 로마 시민 여러분, 제 말을 들어주십시오. 저는 카이
사르를 묻기 위하여 왔지, 그를 찬양하러 오지 않았습니다. 악행
은 오래 살아남지만 선행은 대개 뼈와 함께 묻혀 사그라집니다."

카이사르의 암살 후 정권을 장악하고 있던 브루투스를 비롯한
카이사르 암살자들이 카이사르의 가장 충실한 부하였던 안토니
우스를 장례식에 부르고, 연설할 기회까지 준 게 의외였다. 안토
니우스가 연설의 처음에서 말한 것처럼 카이사르를 찬양하는 말
을 하지 않겠다고 약속한 까닭이었다. 그런데 카이사르를 찬양하
지 않겠다는 말을 대놓고 하고, 선행은 곧 잊혀질 것이란 말이 분
위기 반전의 기운을 띄우기 시작했다. 카이사르가 왕관을 세 번
이나 거절했지만, 그래도 고결한 브루투스가 카이사르는 야망이
너무 컸다고 하니 그럴 것이라고 한다. 그런 선행들이 벌써 망각

되고 사라지며, 카이사르에 대한 나쁜 말들만 횡행하고 있다는 걸 암시하고, 시민들이 그의 의도대로 웅성거린다.

흔들리는 시민들에게 그는 카이사르의 유언장이 있으면, 그게 카이사르가 어떤 사람인지 말해줄 것이라고 한다. 유언장을 읽어주겠다면서 카이사르에 대한 동정심과 긍정적인 기억을 되살린 시민들을 카이사르의 시신이 있는 곳으로 데리고 간다. 마음이 흔들리는 시민들에게 암살범의 행위를 비난할 결정적인 시각적 효과를 노린 것이다. 그런 로마 시민들을 앞에 두고 안토니우스는 브루투스를 가리키며 직구를 날린다.

"고귀한 카이사르는 칼을 쥐고 덤비는 브루투스를 보았을 때, 역적의 칼날보다도 더 무서운 배은망덕에 넋을 잃었고, 그의 튼튼한 심장은 터지고 말았습니다."

브루투스에게 붙이던 '고귀한'이란 수식어가 카이사르로 옮겨 왔다. 로마 시민들이 브루투스 일당에게 등을 돌려 그들을 살인범으로 쫓기 시작했다. 브루투스 일행이 도망간 후에 유언장이 공개되었다. 안토니우스가 아닌 18세의 조카인 옥타비아누스를 후계자로 지명해놓았다. 안토니우스의 승리 뒤의 반전이 또 이렇게 시작한다. 셰익스피어의 희곡 〈율리우스 카이사르〉에 나오는 안토니우스의 연설은 설득력을 키우는 문장으로 손꼽힌다. 카이사르로부터 시작하여 대립하는 인물들의 조합이 더욱 극적인 전개를 가지고 왔다. 그 조합의 결과 고비마다 터지는 반전들이 각

인물들, 특히 안토니우스 연설의 설득력뿐만 아니라 희곡 전체 매력의 근간이 되었다.

■

갈라진 세계끼리 맥주 한잔

사람들이 정치에 무관심해져 간다고 한다. 그런데 정치적 잣대를 들이대면서 첨예하게 부딪히는 사회적 이슈들은 점점 많아지고 있다. 중간이 없이 반대 아니면 지지의 이분법이 지배한다. 대개 정치적인 보수와 진보를 기준으로 특정 이슈에 대한 지지 여부를 결정한다. 이슈에 대한 최초의 정보부터 자신이 즐겨 보는 매체로부터 받는다. 이후에 이슈에 대해 이해를 하고, 태도를 결정하며, 동조하거나 배격할 것인가의 실제 행동으로 나아갈 때도 자신과 같은 정치적 선호를 가진 사람들과만 소통한다. 한정된 공간에서 같은 소리만 계속 돌면서 울려댄다고 해서 '메아리방(echo chamber)'이라 이름 붙인 현상이 일어난다.

어떻게 다른 소리가 나오도록 할 수 있을까. 서로 생각이 다른 사람들이 대화를 할 수만 있다면 뭔가 달라질 수 있지 않을까. 꼭 생각이 바뀌지 않는다고 하더라도 극단적인 대결과 증오는 무뎌지지 않을까. 문제는 그런 대립각에 서 있는 이들을 한 자리에 모으는 일이다. 그걸 실험으로 옮긴 기업이 있다.

페미니즘, 동성애, 기후 변화 등에 관한 상반된 믿음을 가지고 있는 사람들을 선발했다. 사전에 찍은 영상을 보면 이들은 완전 대척점에 있다. 예를 들면 자신을 '뉴라이트'라면서 '페미니즘을 외치는 여자들은 남혐'이고 '여자들은 애를 낳는 게 할 일'이라는 식으로 얘기하는 남성이 있다. 그런 남자와 정치적으로는 '좌익'이라며 '100퍼센트 페미니스트'이고 '여자는 집안일만 해야 한다는 사람과 절대 친구가 될 수 없다'는 여성의 조합이 만들어졌다. 이들이 같은 공간에 들어가는 자체만으로도 아슬아슬한 느낌을 준다.

완전히 다른 신념을 지닌 두 사람에게 서로에 대한 아무런 정보도 주지 않은 채, 가구를 조립하거나 함께 청소를 하는 등의 미션을 준다. 이들은 서로 도와가면서 미션을 달성한다. 두 사람이 충분히 가까워졌다고 느껴졌을 때, 그들이 방금 만든 테이블로 인도한다. 테이블 위에는 하이네켄 맥주 두 병이 놓여 있다. 테이블에 자리 잡으려 할 때, 사전에 촬영된 각자의 신념에 대해 얘기한 인터뷰를 본다. 당황해하는 그들에게 그대로 등 돌리고 각자의 길로 그냥 갈 것인지, 맥주 한잔하면서 서로의 신념에 대해 대화를 나눌 것인지 선택하라고 한다. 어떤 결과가 나왔을까.

하이네켄에서 '갈라진 세계의 실험(Worlds Apart an Experiment)'이란 표제로 진행했던 프로그램이다. 트랜스젠더에 대해, "남자면 남자이고, 여자면 여자인 거지, 무슨 소리야"라며 단호한 경멸과

거부의 태도를 보인 남자가 있었다. 자신과 함께 가구를 맞출 여성이 군대에 복무했다는 얘기를 듣고 호감을 보인다. 손발을 맞추며 미션을 완수한 후에 그 여성이 트랜스젠더라는 것을 알게된다. 표정이 굳어진 남성이 출구 쪽으로 나간다. 트랜스젠더 여성이 '어쩔 수 없군'이라는 표정을 짓다가 환하게 웃는다. 그 남성이 "장난 한번 쳐봤어요"라고 하며 돌아온 것이다. 그리고 남성은 맥주를 마시며 말한다. "세상을 흑백으로, 이분법으로 생각했죠. 하지만 그런 건 아닌 것 같아요."

맥주를 마시며 대화하기를 택한 이들은 의견이 다르더라도 서로 존중하는 모습을 보여줬다. '당신의 세상을 열라(Open Your World)'란 하이네켄의 슬로건에 딱 맞고, 맥주라는 속성의 장점, 갈등을 조장하며 첨예한 대립이 벌어지는 현재 사회에 딱 맞는 광고이자 반전이었다.

■

남자의 볼을 향해 하이킥

"불알 두 쪽은 없었지만 상상력 하나는 풍부했던 채륜(蔡倫)이라는 중국 환관(宦官)이 종이를 발명했다.(A Chinese eunuch called Cai Lun, with no balls but one hell of an imagination, invented paper.)"

1989년 영국에서 프린터 업체 엡슨이 했던 광고 카피 중 일부다. 세계사나 과학사에서 만났던 종이를 발명한 채륜을 저렇게 광고에 활용했다. 유감스럽게도 오랜 시간을 두고 노력을 기울였지만 광고 원본은 찾을 수 없었다. 아무리 '성적으로 올바른'이란 기준이 미약했던 시기라고 해도 이런 광고 카피가 실릴 수 있다는 자체가 대단히 놀랍다. 빌 브라이슨(Bill Bryson)은 자신의 저서 《모국어(The Mother Tongue)》에 인용하며 영국이 그런 불경스럽고 성적(性的)인 표현을 공개적으로 쓰는 데 훨씬 유연했다고 말한다.

'ball'이란 영어 단어가 위의 엡슨 광고에서는 남자 신체의 일부를 표현했는데, 실제 얘기할 때는 '배짱'을 나타내는 단어로 많이 쓰인다. 복수의 뜻을 가지고 있다는 말인데, 그런 사례는 흔하게 찾아볼 수 있다. '철의 여인'으로 유명했던 영국 수상을 지냈던 마거릿 대처가 어느 기자에게 이런 말을 했다.

"자크 시라크가 기자들에게 물었다더군. 자기 불알을 쟁반 위에 올려 바치기를 내가 원하는지.(Jacques Chirac asked journalists if I wanted his balls on a tray.)"

자크 시라크는 1995년부터 2007년까지 프랑스 대통령을 지낸 인물이다. 1986년에 그는 좌우 동거정부에서 총리를 지냈다. 그 시절에 영국의 대처와 맞서거나 협력하는 일들이 꽤 많았다. 어느 사안에서 대처가 '철의 여인'이란 명성 그대로 시라크에게 거의 두 손 들고 항복하며 나오라는 식으로 압력을 가한 걸 두고,

시라크가 옷 다 벗고 오라는 격이라며 저런 표현을 썼나 보다. 그 얘기를 전해 들은 대처가 우습다는 듯이 다른 기자에게 그 얘기를 꺼내고는 곧바로 반전의 한마디를 던진다.

"하! 기가 막혀. 난 그 사람이 불알을 한쪽이라도 제대로 갖고 있는지도 몰랐어!(Ha! I didn't even know he had any!)"

'시라크가 그런 주제나 되냐'라는 식이다. 자신을 비난하거나 비판한 이의 말을 받아서, 그것을 가지고 살짝 비틀어 타격을 되로 받고 말로 주는 신공을 시현했다. 사실 저런 단어를 아무렇지도 않게 입에 올리는 것 자체가 놀랍기도 했다. 그리고 시라크를 저렇게 개인적으로는 수치심을 느끼게 마구 퍼부어대도 되나 싶었다. 대처는 시라크보다 나이도 일곱 살이나 많은 큰누나 정도이고[83], 수상 자리에도 8년이나 먼저 올랐다. 게다가 시라크가 총리로 재직할 때는 포클랜드전쟁[84]의 승리 등으로 세상에 무서운 게 없는 시절이기도 했으니, 아무 말이나 팍팍 내지를 수 있었을 것이다. 대처의 재임 시절에 어느 언론 기사에 대처 수상을 두고 이런 표현을 한 게 기억이 난다.

"내각의 유일한 남성."

그런 대처였으니 저런 표현 따위 아무렇지도 않게 뱉을 수 있었다.

피로 물든 평화의 광장

　로마 한복판에 '캄포 데이 피오리(Campo dei Fiori)'란 곳이 있다. 우리말로 옮기면 '꽃들의 들판'이란 뜻이다. 꽃들이 만발한 아름다운 경치를 연상시키는 이름과 달리 이 장소는 중세부터 시작하여 종교개혁으로 이어지는 시대에 이단으로 판결받은 이들에 대한 화형이 집행되었던 곳이라고 한다. 그 사실을 기리기 위해서인가, 광장 중앙에 조르다노 브루노(Giordano Bruno)의 동상이 있다.

　브루노는 코페르니쿠스의 지동설에서 더 나아가 모든 별들이 항성이고 태양도 그중 하나에 불과하다는 우주론에 더하여 기독교 삼위일체와 신성성에 마리아의 처녀성까지 부정하며 기존 이론과 질서에 반기를 드는 강연을 했다. 종교전쟁의 한가운데에서 재판에 넘겨진 그는 8년 동안 모진 고문이 곁들여진 심문을 받았지만 자신의 말을 철회하지 않았다. 끝까지 자신의 원칙을 버리지 않았던 그의 마지막 모습이 이렇게 묘사되었다.

　　그는 1599년 12월 21일 제22차 최후 이단 심문에서, "잘못한 것이 없기 때문에 내 주장 가운데 철회할 것이 없습니다"라고 말합니다. 그리고 1600년 2월 8일 나보나 광장에서 무릎을 꿇은 채

판결문을 듣고 있던 브루노는 벌떡 일어서서 재판관들을 향해 이렇게 외쳤습니다. 나는 이런 나의 견해를 두렵게 받아들이지 않지만 여러분은 두려운 마음으로 이를 받아들입니다.[85]

바로 그다음 날인 2월 9일 그의 공개 화형이 집행되었다. '꽃들의 들판'의 꽃이 '불꽃'이었던 셈이다. 요즘은 이 '꽃들의 들판'에 낮 동안 시장이 들어선다고 한다. 자본주의의 꽃이 피어나고 있는 것이다. 이름다운 지명 뒤에 의미와 전혀 다른 역사가 서려 있는 곳들이 많다. 그 대표적인 곳이 바로 프랑스 파리의 '콩코드 광장(Place de la Concorde)'이다. 잘 알려진 대로 '콩코드(concorde)'는 '화합', '조화'를 뜻한다. 원래 '루이15세 광장'으로 불리던 그곳에서는 어떤 일들이 벌어졌는가. 루이16세를 비롯하여 프랑스혁명 기간 동안에 1천 명이 넘는 사람들이 그곳에 설치된 단두대에서 목이 잘리며 처형당했다. 명명한 이들은 반혁명적 인사들의 뿌리까지 말려버리며 그게 화합에 이르는 길이라고 생각했을 수도 있다. 어쩌면 그런 피비린내는 그만하고 조화롭게 함께 사는 세상을 향한 염원을 담아서 그리 명명했을 수도 있다. 마치 인류 최초의 원자폭탄이 투하된 곳에 세워진 '히로시마 평화공원'처럼 말이다.

이전에 읽은 한국 단편소설 한 편이 생각났다. 잘 안 팔리는 소설가가 고향 군청에서 근무하는 공무원 친구와 군내의 관광지들을 소개하는 책자를 만드는 얘기였다. 원래 지명에 전설 같은 일화들이나 역사 인물들을 가져다 붙인다. 내키지 않으면서도 밥벌이도 없는 터에 옛 친구를 도와준다고 합리화한다. 그런데 편평한 바위 하나에 공무원이 '강간바위'라는 이름을 붙이자며, 임진왜란 때 왜군이 조선 여인을 거기서 강간했다는 식의 설화를 꾸며대는 데는 너무 심하다며 저항한다. 다툼 끝에 소설가는 일을 마무리하지 않고 상경해버린다. 몇 달 후에 소설가는 공무원 친구의 편지를 받는다. 자신이 고집을 부려서 미안하다는 말과 함께 그래도 소설가의 도움으로 안내 책자와 푯말들을 완성했다고 하며 마지막에 덧붙인다. '강간바위'에서 실제 강간이 벌어져서 더욱 화제가 되었다는 것이다.

반전의 효과를 노리고 만든 지명들이 대체로 원했던 결과를 가져오지는 못한 것 같다. '꽃', '화합', '평화'의 바람을 담은 위의 사례들이 제대로 반전 효과를 내길 기원한다. 소설의 바위는 흥미를 돋우기 위한 명명이었는데, 실행의 반전을 가져왔다. 물론 이는 허구의 이야기였지만, 그런 식으로 또 다른 반전이 이루어지기도 한다.

13

Misfit

부적

시공과 맞지 않다

[不適]

◆

제대로 잘못 날린 트윗

인도에서 선거를 치르면 워낙 나라가 넓고 인구도 많아서 오지의 표들이 개표장으로 모이기까지 수일이 걸린다고 한다. 국민들의 생활수준이 워낙 낮은 데다 과정이 지체되면서 정치 혼란을 가중시킨다고 개탄하는 한편으로 자신들의 우월함을 바닥에 깔고 말하는 미국 언론인을 1990년대에 본 기억이 있다. 누구에게 투표했는지가 불분명한 용지를 두고 벌어졌던 2000년 미국 대선에서의 플로리다 재검표와, 그마저도 동원된 방해꾼들이 들이닥치면서 중단되어 버린 소동이 미국에서 2020년에 비슷하게 다시 일어나며, 정치 선진국 미국의 이미지에 지울 수 없는 얼룩이 졌다.

지난 2016년 미국 대선에서 트럼프가 당선되기 이전부터 분열은 미국 정치에서 아주 심각한 이슈도 대두되었다. 퓨리서치(Pew Research)의 조사 결과를 보면 공화당원과 민주당원 중 스스로를 중도라고 생각하는 이들의 비율은 계속 줄고 있다. 자녀가 지지 정당이 다른 이를 배우자감으로 소개할 때, 적극적으로 반대하겠다는 이들의 비율이 지난 40년간 4배 이상 드라마틱하게 뛰었다는 기사를 본 적도 있다. 소득, 곧 빈부 차이에 따른 양극화가 심화되는 건 이제 별다른 뉴스 거리가 되지도 않는다.

논란을 만들지 않으면서 대화를 열 수 있는 소재로 '건강, 날씨, 자녀'를 미국인들은 흔히 들었다. 그런데 이제 건강 이야기를 시작하면 어느새 백신을 맞아야 하는가 여부를 놓고 싸우는 사람들이 있다. 실제 자기는 백신을 맞지 않고, 자녀들에게도 맞히지 않는다고 자랑스럽게 얘기하는 미국인을 봤다. 코로나19로는 마스크 착용과 봉쇄 조치 등을 두고 양극단이 맞붙었다. 기후이상에 대해서도 조 바이든이 당선되어 대통령 업무를 시작하는 첫날 파리기후협약에 다시 들겠다고 했다. 기후이상이 실제로 존재하느냐, 영향이 얼마나 되느냐를 두고 대립하는 정도는 갈수록 심해지고 있다. 자녀 얘기도 교육과 관련해서도 사사건건 갈등을 심화하는 쪽으로 흐른다. 특히 미국에서는 자칫 입시에서의 특정 집단에 대한 적극적 우대 정책을 의미하는 '소수집단 우대정책(Affirmative Action)'으로 연결되면 격론이 벌어지곤 한다.

너무나도 당연한 원칙도 쉽사리 논란에 휩싸이는 결과를 낳곤 한다. 2020년 미국 대선 다음 날인 11월 4일에 의류 브랜드 갭(Gap)이 다음과 같은 트윗을 날렸다.

확실한 건 함께해야 앞으로 나아갈 수 있다는 겁니다.(The one thing we know, is that together, we can move forward.)

공화당과 민주당의 빨간색과 파란색으로 나뉜 갭의 후드티를 보이며 이제는 단합해야 한다는 너무나 뻔한 말을 했다. 그런데 트윗을 올리자마자 '지금 그런 말을 할 때냐'라는 댓글 몰매를 맞고, 황급하게 트윗을 지웠다. 나름 시의적절하다며 야심차게 내놓은 것 같은데, 날카로워진 미국인들, 특히 양측으로 갈라진 이들의 신경을 제대로 거슬렀다.

한미연합사 부사령관을 지낸 인사가 2020년 10월 말에 주한 중국 대사와의 만찬 자리에서 '같이 갑시다'라는 건배사를 했다고 언론에 비판적인 기사가 나온 적이 있다. '같이 갑시다'가 'We go together'라는 영어와 함께 한국과 미국의 동맹을 상징하는 구호로 쓰이고 있기 때문이란다. 약간 생떼 같은 면이 있는 기사였지만, 어쨌든 합당한 말이라도 때와 장소를 맞춰서 해야 한다. 잘못하면 이상한 부메랑의 반전을 맞게 된다.

◆

미국 최고의 비즈니스계 범죄자

대한민국 전체가 이틀 동안 전력 공급이 끊긴다면 어떤 일이 일어날까? 1년 동안 전기료가 8배 오른다면 사람들은 뭐라고 할까? 정전 사태를 이용하여 미리 축적해놓은 전기를 20배 이상의 가격으로 파는 기업이 있다면 어떨까? 생각만 해도 끔찍하고 파렴치한 이런 일들이 2000년과 2001년에 미국 캘리포니아주에서 벌어졌다. 냉장창고를 돌릴 수 없어서 짓무른 채소들이 마트에서 썩어나갔고, 상한 우유가 도랑에 콸콸 버려졌다. 보다 심각하게 병원에서 수술 기구를 사용할 수 없었다. 수술대에 오른 환자가 속수무책으로 사망하는 비극이 벌어졌다. 캘리포니아가 침몰한다며 타이타닉에 비유하는 말이 나왔다. 그리고 어떤 이가 이런 농담을 던지면서 강연을 시작했다.

"캘리포니아 사태와 타이타닉 사고의 차이가 뭔지 압니까? 타이타닉호가 물에 잠길 때는 적어도 불은 들어왔다는 겁니다!"

수많은 무고한 사람들이 고통을 당하고 생명을 잃었던 사태를 소재로 삼은 너무나 부적절한 농담이었다. 게다가 더욱 기가 막힌 반전은 저런 농담을 던진 사람이 바로 그 정전 사태를 야기하는 데 결정적인 역할을 했다는 것이다. 그는 바로 1990년대 미국 최고의 기업으로 꼽힌 엔론(Enron)의 최고경영자였던 제프 스킬링(Jeff Skilling)이었다. 엔론은 에너지 가격을 조작하고 전기 공급량에 관한 허위 정보를 주정부에 흘려 전기료를 올리고는 전력 부족을 고의로 초래하는 식의 활동을 벌였다. 그 전모를 누구보다 잘 알고 있는 엔론의 CEO가 자신들이 저지른 범죄를 소재로 농담을 하며 강연을 시작한 것이다.

이 강연을 들은 청중들의 반응은 어땠을까? 미국 유수 경영대학원의 학생들이었다. 이 농담에 MBA를 취득하러 경영대학원에 온 학생들은 폭소를 터뜨리고 열광적으로 환호했다. 그들에게 제프 스킬링은 최고의 영웅이었고, 롤모델이자 워너비였다. 미국 경영대학원에서 강조하는 '비즈니스 윤리(business ethics)' 같은 건, 누가 어떤 피해를 당하든 돈만 벌고 지위만 오르면 된다는 탐욕의 야성에 휩쓸려 사라져버렸다. 제프 스킬링 같은 인간의 농담보다 그것에 호응하는 학생들의 모습이 더 충격적인 반전이었다.

2010년 런던에 함께 출장을 간 후배가 어느 건물에 붙어 있는 엔론 로고를 보고 물었다. "아직도 엔론이 있나요?" 그 건물은 엔론 뮤지컬을 공연하는 극장이었다. 영국의 극작가인 루시 프레블(Lucy Prebble)이 쓴 뮤지컬 〈엔론〉의 첫 장면은 1992년 1월 스킬링의 사무실에서 시작된다. 엔론이 만든 특이한 형식의 석유 회계처리 방식을 증권거래위원회가 승인한 것을 축하하는 파티가 열리는 장면이었다. 이어 3막에서 스킬링은 엔론의 CEO가 되고, 미국 최고의 비즈니스계 리더로 칭송받는다. 그리고 마지막 5막에서 그는 징역 24년형을 선고받는다.

"정교한 알고리즘 및 수학적 모형으로 무장한 MIT와 캘리포니아 공과대학교 박사들"이 엔론의 자산이라고 제프 스킬링은 자랑하곤 했다. 그들이 만든 혁신이 업계를 바꿔놓을 것이라고 소리를 높였다. 그에게 인간의 존엄성과 배려심 같은 건 기대할 수 없었다. 그는 무엇이든 모형화할 수 있다면서, 자신이 이끄는 비즈니스 혁신의 열차에 초대한다는 말을 자주 했다. 그가 위의 농담을 한 지 얼마 되지 않아 그 열차는 법정으로, 이어 최종 목적지인 교도소로 향했다. 그의 언행에 합당한 징벌적 반전이었다.

◆

마시멜로 이야기는 계속된다

월터 미셸(Walter Mischel)이란 심리학자의 마시멜로 실험은 지나치리만치 알려져 있다. 초등학교에 들어가기 전의 아이들 앞에 마시멜로를 놓고 실험 진행자가 나가면서, 10분 동안 먹지 않고 참으면 돌아와서 마시멜로 2개를 주겠다고 한 잔인한 실험 말이다. 더욱 무섭게, 실험에 참가한 아이들을 10년도 더 지나서 추적 평가했다. 10분을 못 참은 아이들은 과체중 비율도 높았고, 시험 점수도 낮았다고 한다.

이 실험을 제목으로 달고 나온 책 《마시멜로 이야기》(호아킴 데 포사다, 정지영 옮김, 한국경제신문사, 2005)[86]는 한국어판으로 300만 부 넘게 팔렸다. 이 책과 관련한 반전 중의 하나는 한국 밖에서는 다 합쳐도 100만 부가 채 팔리지 않았다는 사실이다. 유독 한국에서 그렇게 대박이 난 이유가 무엇일까. '은근과 끈기'

의 민족이라고 했었는데, 그 속성들이 줄어들고 대신 '빨리빨리'의 나라가 된 것에 대한 반작용은 아니었을까. 한국어판 출간 당시 마시멜로를 먹어봤던 한국인이, 아니 무엇인지 정확하게 알고 있던 사람이 300만 명이 되었을까 싶은데, 그런 판매량을 기록한 원인은 나중에 규명해보고 싶다.

마시멜로 이야기는 어쨌든 '참고 견뎌라', '인내의 열매는 달다', '성격은 타고나는 것인데 고치도록 노력해야 한다'라는 뻔한 교훈을 담고 있다. 그런데 2013년 로체스터 대학교의 홀리 팔메리(Holly Palmeri)와 리처드 애슬린(Richard Aslin)은 마시멜로 실험 결과와 교훈에 대해 약간 다른 시각을 보여주는 논문을 발표했다. 그들이 제기한 요지는 이러하다.

- 마시멜로를 빨리 먹은 아이들 중 일부는 참을성이 부족했던 것이 아니라 기다리면 돌아와서 하나를 더 주겠다는 실험 진행자의 말을 의심했기 때문이다.
- 불안정한 환경에서 자란 아이들은 '먹는 것이 남는 것'이란 생각을 갖게 된다.
- 안정적인 환경에서 자란 아이들일수록 약속이 지켜질 것이라 기대하며 오래 기다린다.

참을성은 선천적으로 타고나는 것도 아니고, 환경의 영향이 크

며, 참을성 자체가 성공을 보장하는 것도 아니라는 점이다. 일란
성쌍둥이라도 다른 환경에서 자라면 성격 자체가 달라진다고 하
지 않던가.

이 실험의 창안자인 월터 미셸은 나중에 약간의 변화를 주면서
실험을 계속했다. 그중 한 가지에서는 아이들에게 눈앞의 마시
멜로에 가상의 액자를 씌워보라고 했다. 탁자 위 마시멜로는 진
짜가 아니라 그림이라고 상상하도록 한 것이다. 이 결과가 놀라
웠다. 상상의 액자를 씌우란 말을 들은 아이들이 그렇지 않았던
다른 아이들 집단과 비교하여 평균 3배나 더 기다리는 인내력을
발휘했다. 마시멜로를 솜털구름이라고 생각해보라는 얘기를 들
은 아이들은 그중에서도 특히나 더 오래 참고 견뎠다고 한다. 생
각, 상상력의 힘을 보여주는 사례로 마시멜로 실험이 확장, 발전
했다.

'인내심이 성공의 열쇠'라는 누구나 인정한 결론에 대해 의심
하고, 이면을 더 파본 결과 반전이 일어났다. 자신이 만들고 히트
한 실험에 계속 새로운 변형을 가하자 상상력의 힘을 증명하는
또 다른 결과를 낳았다. 반전은 그렇게 만들어진다.

♦

단득장독, 일득십독

　정치권에 한 발을 걸치고 있던 선배가 그쪽에서 제법 이름 있는 광고계 출신 인사에 대한 평가를 부탁했다. 광고 쪽에 몸담았던 여러 명에게 단체 메시지 형식으로 동시에 물었는데 별로 딱 부러지게 대답을 하는 이가 없었다고 한다. 그들이 대상 인물에 대해 잘 몰라서 조용히 있었을 수도 있고, 사람에 대해서 평가하기 뭣하니 대답을 아꼈을 수도 있다. 나도 후자 쪽이라 가만있다가 약간 음주를 하고, 술기운이 돈 후에 별 생각 없이 휙 답을 보냈다.

　"지금 세상에 눈앞의 승리를 위해서는 득이 되지만, 오래 두면 독이 되는 사람입니다."

　어떻게 그리 매몰차게 한 사람을 한 문장으로 평가했는지 술기운만으로 돌리기에는 부끄러웠다. 나 자신도 그렇게 하지 못하면서 다른 사람에 대해서 왈가왈부하는 것이 가당치 않았다. '지금 세상'이라고 한 것이 차후에 어떻게 되든 간에 어쨌든 바로 눈앞의 이익을 취하려 하고 그렇게 하는 게 능력 있는 인간의 표상으로 받들어지는 세상임을 지적하며, 살짝 방어막을 치고 싶었던 것 같다.

　한편으로 박정희 전(前) 대통령에게 '김재규는 순간 반짝거리며 효력을 발휘하는 사람이 아니라, 오래 두고 있으면 좋은 보약 같은 사람'이라고 하면서 추천했다는 얘기가 생각났다. 사람이 한 생애를 통하여 득이 되고 독이 되는 일들을 번갈아가면서 한다. 혹은 사람에 따라서 누군가에게는 독이 되고 누군가에게는 득이 되는 것이 아닌가 싶기도 하다. 같은 사람에게도 보약으로 지어 둔 게 오래되면 곰팡이도 피고 악성 세균도 들어가서 독약이 되기도 한다. 어찌 보면 자연스러운 인생의 굴곡이요, 반전 아닌가.

말을 해놓고 한참 있다가 내가 한 말 자체가 《삼국지》의 한 대목 같은 느낌이 들었다. '치세의 능신, 난세의 간웅(治世之能臣, 亂世之姦雄)'이란 조조에 대한 평가가 떠올랐다. 그래서 사자(四字)로 비슷한 뜻의 성어(成語)를 만들어보았다.

단득장독(短得長毒, 단기간에는 득이지만, 장기간으로는 독이라)

비슷하게 다른 말들도 생각했다.

일득십독(一得+毒, 바로 앞 하나로는 득이지만 열을 보면 독이 된다. 득이 하나면 독이 열이다)

잘 모르고 벌이는 한자놀음은 재미있다. 한자성어에는 이런 반전을 담은 것들이 많다. '고진감래(苦盡甘來)'를 보면 '쓰다', '다하다'와 '달다', '새로 오다'를 대비하고 있지 않은가. 봄이 왔다고 마음을 들뜨게 하고는, 봄 같지 않으니까 조심하라는 메시지를 던지는 '춘래불사춘(春來不似春)'[87]이란 말은 한국에서 1980년을 상기하면 꼭 나오기 마련이다. 폭력적 반전이 언제든 도사리고 있다는 경고로 이제 상투적이라고 할 정도로 자주 쓰인다. 그만큼 이전에 겪었던 경험이 있고, 언제 거슬러 올라올지 모른다는 염려가 있어 그러하다.

◆

사기와 정치는 한 끗 차이

골프를 즐기는 CEO는 많다. 특히 한국에서는 골프를 치지 않는 CEO나 사업가를 찾기 힘들 정도다. 누구와 골프를 치느냐가 CEO나 사업가의 역량을 보여주는 지표로 작용하기도 한다. 한국에서 꽤나 유명했던 CEO의 골프에 얽힌 일화를 들었던 기억이 있다.

큰 키에 시원시원한 성격이고, 그룹의 회장 앞에서도 맞담배를 피울 정도로 호방했다는 그가 어느 날 3명의 임원을 대동하고 골프장에 갔다. 유달리 페어웨이가 좁은 한 홀에서 그와 나머지 3명이 친 공이 모두 숲속으로 들어가 버렸다. 거침없는 성격대로 성큼성큼 숲속으로 걸어간 그는 다른 임원의 공을 "내 공이 여기

있네"라고 하면서 자기 주머니에 넣어버렸다. 누가 봐도 그 공은 CEO가 친 공이 아니었다. 하지만 아무도 "대표님, 그 공은 대표님 공이 아닙니다"라고 말하지 않았다. 어색한 침묵이 흐르던 순간에 CEO가 집어든 공의 진짜 주인인 임원이 갑자기 공을 집어들면서 말했다. "대표님, 저는 제 공 찾았습니다." 자기 주머니에 있던 공을 슬쩍 떨어트린 후 집는 시늉을 하며 소리친 것이었다.

골프를 마친 후에 CEO는 다른 사람들에게 "동반자의 공인 줄 알면서 내 주머니에 넣었다"고 털어놨다. 자신이 엉뚱한 행동을 할 때 임원들이 어떤 반응을 보이나 싶어 일부러 떠봤다는 거였다. 그에게 자신의 공을 뺏기고도 거짓말을 한 임원을 어떻게 평가하느냐고 묻자 "임기응변이 뛰어나다"고 후하게 평가했다. 차라리 조용했던 이들보다도 뛰어나다고 말이다. 그 임원이 나중에 어디까지 올라갔는지는 알 수 없다. 미국의 골프장에서 비슷한 일이 벌어졌다.

미국 펜실베이니아주에 있는 크리크(Creek)라는 퍼블릭 골프장에는 골프 사기꾼들이 판을 친다고 한다. 그중 하나인 프랭키라는 사람이 다른 꾼과 50달러 내기를 하는데, 연장에 상대의 샷이 왼쪽으로 가서 공을 찾을 수 없었다. 그런데 별안간 상대 꾼이 "이봐, 내가 여기 공을 찾았어!"라고 소리쳤다. 그러자 프랭키가 "이 나쁜 놈아! 네 공은 내 주머니에 있는데 어떻게 네가 찾을 수 있냐"라며 분노해 달려들었다고 한다. 그 크리크 골프장에서 프랭키라는 꾼과 상대도 하면서 골프의 기초를 닦은 인물이 있다. 바로 2020년 미국 대통령 선거에서 펜실베이니아에 엄청난 기대를 하고 막대한 시간과 자금을 투여했지만 패배를 맛본 도널드 트럼프였다. 골프 칠 때 그의 태도가 어땠는지 보여주는 사례가 있다.

미국 프로농구 NBA 한 팀의 코치를 막 그만둔 이가 도널드 트럼프와 함께 골프를 했다. 퍼팅을 하는 그린 위에서 그의 공이 홀에서 멀리 떨어져 있자, 트럼프가 크게 선심을 쓰는 말투와 자세로 가까이 놓고 치라면서 그의 공을 홀 가까이로 옮겨주었다. 물론 자기 공도 그렇게 옮기면서 말이다. 농구 코치가 원래 공이 있던 자리로 가져다 놓자 트럼프가 다른 사람들 모두 들을 정도로 크게 소리쳤다.

"여러분, 여러분! 이 코치가 얼마나 대단한지 말할게요. 그가 퍼트를 할 수 있게끔 내가 여기에 공을 두었는데 도로 제자리로 가져다 놓더군요. 이게 바로 그가 일자리를 잃은 코치이고, 내가 130억 달러를 가진 부자인 이유죠."

2020년 11월의 대통령 선거 직후, 결과에 승복하지 않는 상황에서도 골프를 이틀 연속으로 칠 정도로 트럼프는 골프광으로 알려져 있다. 트럼프와 골프 얘기를 미국의 유명 스포츠 칼럼니스트가 묶어서 《커맨더 인 치트(Commander in Cheat)》(릭 라일리, 김양희 옮김, 생각의힘, 2019)라는 책을 냈다. 농구 코치와의 일화도 거기에 나온 것이다. 최고명령권자로서 대통령을 이르는 'Commander in Chief'를 슬쩍 바꿔 멋진 반전을 제목에서 이루어냈다. 좋게 보든 나쁘게 보든 삶의 여정에서 숱한 반전을 만들어냈던 도널드 트럼프가 2024년에 다시 나올지, 나온다면 어떤 모습일지, 또 무슨 반전을 들고 나올지 어느 누구도 섣불리 예측을 못 하고 있다. 어쨌든 어떤 반전이든 다시 한 번 만들 것 같다.[88] 이 시대에 도대체 어울리지 않는다고 하더라도. 하긴 그래서 반전이기도 하겠다.

◆

승리도 습관처럼, 패배도 습관처럼

1999년에 미국에서는 각계각층에서 20세기를 정리하는 행사가 열렸다. 광고 분야에서는 '20세기 최고의 광고 100선'을 뽑는 행사나 특집을 거의 모든 광고 잡지에서 펼쳤다. 스포츠에서는 종목마다 20세기를 대표하는 선수로 팀을 구성하거나, 최고의 팀을 전문가나 팬 투표로 선정했다. 결과가 발표되면 왈가왈부 홈페이지 게시판 등에서 격론이 벌어진다. 이를테면 20세기의 프로 미식축구를 대표하는 팀을 두고 1970년대에 화끈하게 4회 슈퍼볼 우승을 한 피츠버그 스틸러스, 1981년 최초 우승부터 1994년까지 5회 우승의 샌프란시스코 포티나이너스, 미국인의 팀으로 불리며 최고의 인기를 구가하고 역시 5회 우승을 일군 댈러스 카우보이가 각축을 벌였다.

거의 모든 종목마다 20세기를 대표하는 팀을 두고 팬들이 말싸움을 벌였으나 유일한 예외가 있었다. 바로 프로야구 메이저리그였다. 아무도 뉴욕 양키스를 선정한 데 반발하지 않았다. 뉴욕 양키스를 싫어하는 이들이 좋아하는 이들만큼이나 많다고 했으니, 기분 나쁜 이들이 꽤 많았겠지만 그들도 인정할 수밖에 없었다. 홈런왕 베이브 루스를 영입한 이후 1920년대부터 절대왕조로 군림하던 뉴욕 양키스에도 암흑 시기가 1960년대 중반부터 10년 정도 있었다. 그런 추락 반전의 이유와 실상을 보여준 사건이 있었다.

1964년 CBS 방송국이 뉴욕 양키스를 샀다. 이를 미국 메이저리그에서는 야구가 야구인의 손에서 비즈니스 전문경영인에게 넘어가기 시작한 사건으로 보고 있다. 효율성과 그를 수치로 나타내는 기업인의 시각과 방법이 야구계에 도입되었다.

CBS로 소유와 경영권이 넘어간 후에도 양키스는 습관처럼 월드시리즈에 진출했다. 상대는 당시 최고의 투수인 밥 깁슨을 보유하고 있던 세인트루이스 카디널스였다. 월드시리즈는 시작부터 접전이었다. 경기 전적 2-2 타이 상태에서 양키스는 나머지 경기를 하러 세인트루이스로 갔다. 다섯 번째 게임을 밥 깁슨에 뺏겨 전체 시리즈를 3-2로 리드당한 상태에서 여섯 번째 경기를 치르러 가는 양키스 선수단에 호텔에서 체크아웃을 하고 경기장으로 가라는 구단 측의 지시가 내려왔다.

여섯 번째 경기를 지면 패배하는 것으로, 더 이상 호텔에 머물 필요가 없으니 바로 공항으로 직행하라는 것이었다. 하루치 호텔비라도 아껴보자는 심산이었다. 당시 양키스 투수였던 짐 부톤의 반응이 어떤 변화가 양키스에 생겼는지 잘 묘사하고 있다.

"부톤은 너무나 놀랐다. 예전부터 양키스는 거만하면서도 째째하고 인색한 양면을 지니고 있었다. 그런데 인색함이 교만함보다 우선순위가 된 적은 부톤이 기억하는 한 그때가 처음이었다. 패배주의가 사람들을 감싸고 있었다."[89]

전설적인 미식축구 감독 빈스 롬바르디[90]는 "패배주의는 전염되기 쉽다"고 했다. 양키스는 그 후 CBS가 구단주로 있는 동안은 월드시리즈를 제패하지 못했다. 양키스로서는 모든 부분에서 불화가 지배했던 반전의 시대였다.

사람이 한 생애를 통하여 득이 되고 독이 되는 일들을 번갈아가면서 한다. 같은 사람에게도 보약으로 지어둔 게 오래되면 곰팡이도 피고 악성 세균도 들어가서 독약이 되기도 한다. 어찌 보면 자연스러운 인생의 굴곡이요, 반전 아닌가.

Dislocate

상위

서로 어긋나다

[相違] 14

◆

사기, 사소하거나 대범하거나

2005년에 작고한 소설가 전병순 님의 소설 《독신녀》는 1970년 대 말 어느 한 해 베스트셀러에 올랐다. 고등학교 1학년 무렵이 었다. 광고가 아주 큰 역할을 했는데, 지금과 비슷하게 책 광고의 전형적인 유형으로 책 표지 그림이 실리고, 도발적인 헤드라인을 달았다.

"독신녀, 그녀는 이 밤 무엇을 하는가?"

고등학교 1학년 담임선생님께서 《독신녀》 소설에 대해 혀를 차며 말씀하셨다.

"여러분들 같은 호기심 많은 학생들이 '독신녀, 그녀는 이 밤 무엇을 하는가?' 하는 문구에 혹해서 그 책이 베스트셀러까지 되 었어. 내가 작가분을 개인적으로도 잘 아는데, 그냥 자신의 얘기 를 소설식으로 쓴 것이고, 여러분들이 기대하는 것과 같은 분이 아니에요. 그 독신녀는 밤에 무엇을 하나? 여러분과 똑같이 잠을 자요. 그런 광고에 현혹되지 마세요."

아마 그 소설이 당시로서는 선정적인 옷차림과 포즈의 여배우를 포스터 전면에 내세운 같은 제목의 영화로 나오면서 화제가 되어 선생님께서 소설까지 언급하신 것 같다. 나중에 알아보니 소설도 당시에 새롭게 출간된 것도 아니고 1960년대 중반에 나온 것을 단행본 형식으로 재출간한 것이었다. 요즘으로 치면 영화가 나오면서 완전 역주행을 한 셈이다. 나는 그 소설을 읽지 않았지만, 호기심을 이기지 못하여, 특히 선생님께서 언급하신 것에 설마 하면서도, 영화 포스터 사진과 책 광고 문구에 몸이 달아 소설을 구해 본 친구들은 실망을 감추지 못했다. 사실 광고 문구로만 치면 거짓을 얘기한 것도 아니었다. 단순히 잠재 독자들의 호기심을 자극하여 구매로 이끌어 기가 막힌 성공을 거둔 광고였다.

1800년대 말 미국에서 진귀한 물품과 신기한 사람과 동물들을 전시하고 구경시켜 큰돈을 번 바넘(P. T. Barnum)의 사기에 가까운 광고보다는 더욱 앞서 나간 선진 형태의 광고였다. 휴 잭맨이 주연한 영화 〈위대한 쇼맨〉의 실제 모델이었던 바넘, 바로 '바넘 효과'[91]라는 용어의 주인공이다. 바넘 자신이 고백한 대로 그의 성공의 유일한 열쇠는 바로 사기, 거짓 광고였다.

그는 80세도 되지 않은 흑인 노파를 미국의 초대 대통령인 조지 워싱턴의 유모라며 161세의 세계 최고령 노인으로 둔갑시켜 광고에서 소개했다. 큰 물고기에 원숭이 머리를 달아서 인어라고 속이고, 성장이 지극히 더딘 5세 아이를 남북전쟁에서 혁혁한 전공을 세운 난쟁이 엄지장군(General Tom Thumb)으로 포장했다. 당시에도 인권 침해 논란이 있었다. 지금과 같으면 허위 광고로 바로 걸릴 일이었다. 혹시 광고가 그대로 나갔다고 하더라도 관객들의 거센 항의와 환불 요구와 고발 사태가 줄을 이었겠지만, 그런 심각한 사태 없이 미국 최고의 흥행사로 수십 년 영화를 누렸다. 그가 광고를 두고 이런 말을 했다.

> "광고와 사실 보도는 땅과 거름의 관계와 같아. 어쨌든 산출물을 증가시키거든.(Advertising is to a genuine article what manure is to land, - it largely increases the product.)"

냄새가 나고 보기 싫다고 해도 거름이 토양을 비옥하게 만들고 작물들이 풍성하게 자라듯이, 광고가 있어서 언론 매체가 존재하고 성장할 수 있지 않느냐는 말이다. 사실 그는 언론이 자신을 두고 뭐라 하든 거의 개의치 않았다. 그의 말로는 거론하는 자체로 관심을 두는 것이니 좋은 일이라면서, 자기 이름의 철자만 제대로 써달라고 농담을 했다. 실제로 아무리 나쁜 기사라도 대개 그의 흥행을 돕는 반전으로 작용했다. 독신녀와 서커스 모두 사소한 것은 어긋나도 무시하는 광고로 이루어낸 반전의 사례이다.

◆

어긋난 2가지를 융합할 때

1989년 11월 베를린 장벽이 무너졌다. 매스미디어를 뒤덮는 흥분이 제대로 느껴지지 않았다. 그로부터 1년 반 후에 베를린에 들렀다. 그곳에서 유학하고 있는 친구와 지하철을 타고 이전의 서베를린에서 동베를린으로 갔다가 돌아올 때는 걸어서 브란덴부르크 문을 지나왔다. 동베를린에서 서쪽으로 걸어와서 뒤쪽을 몇 차례나 돌아보고는 친구에게 말했다. "이렇게 아무렇지도 않게 오갈 수 있는 길을 어떻게 그렇게 오랜 세월 막고 있을 수가 있었지?" 이는 사실 한반도의 현실을 어쩔 수 없이 떠올리며 나온 한탄이었다.

여성 종군기자로 세계적인 명성을 얻었고, 국제 보도 부문에서 여성 최초로 퓰리처상을 수상했던 마거리트 히긴스(Marguerite Higgins)의 전기[92]에도 제2차세계대전 직후의 베를린 풍경이 등장한다. 실상 마거리트 히긴스가 국제적인 명성을 얻기 시작한 무대가 베를린이었다. 시대의 비극은 기자의 행복이라고, 히긴스가 20대의 나이로 〈뉴욕트리뷴〉의 베를린 지국장을 맡았을 때 유명한 베를린 봉쇄가 시작되었다. 동독 안의 섬처럼 자리 잡고 있던 서베를린으로 통하는 자동차, 기차의 운송을 소련이 1948년 6월에 갑자기 막기 시작했다.

당시 서베를린 시민이 근근이라도 살려면 매일 최소한 1만 3천 톤의 연료와 식량이 필요했는데, 그 공급로가 막혀버린 것이다. 거기서 미국은 '서베를린 공수작전'을 펼쳤다. 모든 물품을 수송기로 베를린에 공급하기로 한 것이다. 1949년 4월 16일 수송기 1383대가 서베를린에 위치한 공군기지 세 곳으로 날아와 서베를린에서 필요로 하는 1만 3천 톤에 이르는 물자를 풀어놓았다. 비행기는 63초마다 베를린에 착륙했다고 한다. 세계 최대의 경제력을 앞세운 미국다운 물량 공세에 결국 11개월 만에 베를린 봉쇄는 풀렸다. 그 시절 베를린 사람들 사이에 이런 농담이 유행했다고 한다. "좋은 봉쇄란 없어. 하지만 꼭 봉쇄를 한다면 그중의 최고는 소련이 봉쇄하고 미국이 먹여주는 거야. 그 반대라면 어떨지 상상해보라고." 실제와 반대의 상황을 설정하는, 반전을 일으키는 전형적인 방식 중의 하나이다.

베를린 봉쇄 이후에 마거리트 히긴스는 팀플레이를 하지 않는다고 하여 좌천성 전배 발령을 받았다. 세계의 주목을 받던 유럽에서, 일주일에 〈뉴욕트리뷴〉 본지에 기사 하나를 싣는 것만으로도 감지덕지했다는 도쿄로 발령을 받았다. 그곳이 그녀에게 세계에서 가장 유명한 종군기자라는 지명도를 안겨주고, 퓰리처상의 명예까지 안기는 반전을 가져오리라고는 아무도 생각하지 못했다. 바로 한국전쟁이 기다리고 있었던 것이다.

마거리트 히긴스의 친한 동료는 그를 '프랑스 농민의 현실주의와 아일랜드 술꾼의 이상주의를 합쳐놓은 사람'이라고 평가했다. '서생의 문제의식과 상인의 현실 감각'을 가져야 한다던 김대중 전 대통령의 말을 연상시킨다. 마거리트 히긴스의 그런 경향이 잘 나타난 일화를 역시 그의 친구가 소개했다.

제2차세계대전 종전 후 파리에서 한 거지가 그녀에게 와서 10프랑을 달라고 했다. 마거리트 히긴스는 그 거지를 뚫어지게 쳐다보더니 물었다. "내가 당신한테 돈을 주면 빵을 살 거예요, 술을 살 거예요?" 거지가 대답했다. "마담, 죄송하지만 저는 술을 사는 데 쓰겠지요." 마거리트 히긴스가 미소 지으며 말했다. "죄송할 게 뭐 있어요?" 그러고는 20프랑을 건넸다고 한다. 거지의 솔직함이 첫 번째 반전이었다면, 솔직함을 칭찬하며 2배의 돈을 준 마거리트 히긴스의 행위가 두 번째 반전이다.

어긋나는 듯한 성격들까지도 한몸에 융합하여 지녔던 마거리트 히긴스였다. 담대하면서도 사랑스러웠고, 그러면서도 목적을 위해서는 물불을 가리지 않았고, 어떤 비난도 무릅썼던 마거리트 히긴스는 45세의 나이로 베트남에서 생을 마쳤다.

◆

가장 잔인한 페인트칠

영화 〈아이리시맨(The Irish Man)〉을 보았다. 4명의 70대 영화계

거물들이 만나서 제작한 영화라는데 상영관이 그리 많지 않았다. 상영 횟수나 시간도 맞추기가 힘들었다. 예술 영화를 주로 상영하는 시내의 영화관에서 그나마 자주 하는 편이었다. 마침 그 영화관과 관련 있는 일을 하는 친구가 초대권을 구해주었다. 그런데 결국 영화관에서 관람하지 못하고, 집에서 아이패드로 넷플릭스에 접속하여 영화를 보았다. 일주일 동안 영화관에서 상영한 후에 바로 넷플릭스로 푼다는 유례없는 공개 상영 방식을 선보였다. 영화관에서 먼저 개봉하고, 보통 상영이 끝난 후에야 VOD나 넷플릭스와 같은 구독 서비스 채널로 풀리는 일직선적 방식이 여러 채널이 한꺼번에 어울리는 그물망 방식으로 바뀌어가는 사례를 만들었다.

《I Heard You Paint Houses》란 제목으로 2004년에 나온 논픽션 책이 영화의 원본 소재가 되었다. 그대로 번역하면 '당신이 집에 페인트칠을 한다고 들었는데요' 정도가 될 텐데, 영화의 소재가 될 만한 이야깃거리를 담고 있을 것 같지는 않다. 영화의 서두에서 로버트 드 니로가 열연한 주인공 프랭크 시런이 양로원에 앉아서 회고, 증언조로 하는 보이스오버(voice-over)의 첫마디로 나온다.

"어릴 때 난 페인트공이 집을 칠하는 사람인 줄 알았어. 내가 뭘 알았겠나?"

'집에 페인트를 칠하다(paint houses)'는 미국 갱들 사이에서 쓰는 속어로 살인, 그중에서도 청부살인을 가리키는 용어이다. 주로 총을 써서 살인을 하면서 벽이나 바닥에 피가 흥건하게 묻는 게 흡사 페인트칠하는 것 같다는 데서 유래했다고 한다. 살인이라는 행위의 야만성이나 잔인함이 그대로 드러나는 걸 피하고자 또는 비밀을 유지하기 위하여 만들어지고 계속 그들 사이에서 사용되었다. 그 용어를 제대로 알고, 직접 갱단의 멤버로 페인트칠을 하게 되었을 때의 뿌듯함이 보이스오버에서 이렇게 이어진다.

"난 노동자였어. 필라델피아 남부 트럭 노조 107지부의 교섭위원이었지. 일개 근로자 중 하나였어. 오래가진 않았지만. 그러다가 페인트칠을 시작했지. 내 손으로."

원본 책의 제목은 알 파치노가 분한 지미 호파[93]가 프랭크 시런을 처음 만났을 때 건넨 말을 그대로 옮긴 것이다. 막강한 힘을 가졌던 트럭 노조를 '나의 노조(my union)'라고 하는 위원장으로서의 권위를 지미 호파가 갖고 있었다. 그 권위에 더해 이렇게 갱단의 용어를 쓰면서 상대방에게 주는 효과가 있다. '당신에 대해서 잘 알고 있다'는 경고 신호가 되고, 다른 한편으로는 '나도 당신과 같은 세계의 사람이다'라는 친밀감과 유대감이다. 기업들이나 특정 업종에서 그들만의 용어를 쓰는 경우가 꽤 있다. 직접 경험한 것들로 사람들에게 다음과 같이 퀴즈를 내기도 했다.

* JKBK가 분기 평가를 좌우할 것이다.

- 빨부대는 안 되고, 오리방석은 셀프예요.
- BHJN NY ADAS CHK
- 고령화시대를 맞이하여 CC보다 BC가 대세란다.

(정답은 주 참조)[94]

이런 우스개로 '전문용어'라고 하는 것들은 비밀 유지, 전문성 과시, 유대감 강화 등의 효과가 있다. 그런 걸 염두에 두고 개발하고 사용한다. 그렇지만 동전의 다른 면처럼 그룹 밖의 사람들을 차단하는 반전 효과도 있다. 주의할 일이다.

◆

가격과 가치는 정비례가 아니다

지방에서 대학을 졸업하고 서울에 올라와 비영리법인에서 인턴 근무를 하던 친구가 정부의 청년주택지원에 힘입어 시내에 제법 쓸 만한 자취방을 얻었다. 대학 동기나 고향 친구 중에 처음으로 서울에 숙소를 스스로 마련했다며 스스로 대견해했다. 친구들을 불러 한동안 집들이를 하더니, 나를 포함해서 함께 일하는 선배들도 초대했다. 대충의 집 위치를 물어보자 한 남자 동료가 자신의 친한 친구가 사는 동네라 아주 잘 안다고 했다. 초대자가 그 남자 선배에게 그냥 말로 위치를 설명해주는데, 버스 정류장에서

재래시장 입구 지나는 것까지 잘 따라가던 친구가 딱 막히는 부분이 있었다. "시장 지나서 올리브영이 있거든요. 그것 끼고 좌회전해서 들어오시면 돼요."

들고 있던 남자 선배가 물었다. "올리브영이 거기에 있다고? 몇 년 동안 매주 드나들다시피 했는데 올리브영은 본 적이 없어." 집들이를 하겠다던 친구가 말했다. "제 친구들, 여자애들에게는 올리브영을 중심으로 얘기하는 게 제일 잘 통해요." 다른 친구가 말했다. "예전에 남자 고등학생들은 PC방을 기준으로 길을 가르쳐주곤 했는데요. 남자 대학생들은 그런 역할을 하는 게 무엇일까요?"

젊은 여성들이 방을 구할 때 올리브영이 가까이 있는 소위 '올세권' 여부를 따진다는 말을 들은 적이 있다. 한 남자친구는 그 말을 듣고, 자기는 다이소가 근처에 있어야 한다며, '다세권'이 중요하다고 했다. 또 한 친구는 '따세권'을 따진다고 했다. 서울시 공유자전거인 따릉이 거치대가 지근 거리에 있는지 본다는 것이다. 사람마다 중요시하는 것들이 다르다. 그리고 같은 건물이라도 누구에게는 랜드마크일 수가 있는데, 다른 이는 있는지조차 모르고 지나칠 수 있다.

시각장애인은 촉각으로 물건의 크기를 결정한다고 한다. 태어날 때부터 앞을 보지 못하는 시각장애인에게 찰흙으로 인간을 빚으라고 하면 손을 가장 크게 만든다고 한다. 실제 피부 감각을 담당하는 뇌 영역 중 손을 담당하는 부위가 가장 크기 때문이다. 또 전기 스탠드를 만들라고 하면 전구를 가장 크게 만든다. 불을 켜면 전구가 따뜻해지는데 이 따뜻한 느낌이 그들에게 가장 뚜렷한 감각으로 고스란히 전달되기 때문이다. 처한 상황에 따라 사람들이 받아들이고 표현하는 것이 다르다.

르네 마그리트의 〈개인적 가치(Personal Value)〉라는 작품이 있다. 그림 속 사물들의 크기는 우리의 상식과 어긋난다. 머리빗이 침대보다 크고, 몽둥이보다 더 큰 성냥개비가 와인 잔보다 작은 장롱 위에 놓여 있고, 쿠션소파만 한 비누가 바닥 한구석을 차지하고 있다. 제목에 맞춰 개인이 갖고 있는 각각 사물의 가치에 따라 크기를 매겼다고 보통 해석을 한다. 크기라는 고정된 객관적 지표가 개인의 경험이나 관점과 생각에 따라 변화하여 나타난다.

눈에 보이는 것과 다르게 표현하면서 일종의 반전을 기도한다. 그 반전에 합당한 이유가 있어야 반전이 완성된다. 마그리트 그림의 '크기'라는 것을 '가격'으로 바꾸어보자. 가격과 가치는 다르다. 미국 콜로라도주로 무시무시한 강연 여행을 가기도 했던 오스카 와일드가 이런 말을 했다. "오늘날 사람들은 모든 것의 가격은 알지만 그 가치에 대해서는 아무것도 모른다." 같은 가격이라도 고객이 느끼는 가치를 다르게 만드는 것이 마케터들이 꾀하는 반전이다.

네가 하면 테러, 내가 하면 저항

"상대편의 테러리스트는 우리 편의 자유의 투사다."97

네덜란드 출신의 미국 신학자 존 볼트(John Bolt)가 9·11사태 직후인 2001년 11월에 쓴 글이다. 자신이 처한 입장에 따라 같은 상황이나 인물을 두고 다르게 평가할 수 있으니 역지사지(易地思之)의 마음을 지녀야 한다는 뜻으로 읽었다. 그런데 존 볼트가 쓴 전체 글을 보면 정반대의 의도로 쓴 것이었다. 무역센터와 미국 국방부인 펜타곤 건물에 여객기를 충돌시킨 이들을 두고 인식관을 달리하면 그들도 미국이 지배하고 있는 제국주의 세계질서에 항거하는 '자유의 투사'라고 볼 수 있다고 말하는 이들에 발끈해서 쓴 글 중에 나온 말이다. 그는 테러라고 규정할 수 있는 행동은 그 동기를 7대 죄악 중의 탐욕과 질투의 존재 여부에 두고 있다고 보았다.

세계의 국가나 부족 간의 갈등과 분쟁 현장을 누비고 다니는 한국인 종군기자의 경험이 생각난다. 미국이 이라크가 화학무기를 생산해서 감추고 있다며 공습하려 하고, 아랍권이 강력하게 반발하던 시점이었다. 그는 미국에 의하여 테러리스트라고 지목된 단체의 리더를 만났다. 종군기자의 국적이 한국이라는 걸 알게 된 그가 이렇게 얘기했다.

"당신이 안중근을 테러리스트라 부른다면 나를 그렇게 불러도 좋다."

비슷한 경험을 가진 친구도 있었다. 아랍권 최고의 상인으로 이름이 높아서 유대인들까지도 찜 쪄 먹는다는, 철저하게 자본주의로 무장한 것 같은 레바논의 바이어 하나도 친구가 무심코 내뱉은 '테러'라는 단어에 격한 반응을 보이며 말했다.

"테러(terror)가 아니고 저항(resist)이라고 해야 돼요."

정치권과 그쪽 소식을 다루는 언론 기사에서 가장 많이 쓰이는 3가지 말이 있다고 한다. 식상할 정도로 많이 쓰이는 '내가 하면 로맨스, 남이 하면 불륜'이란 '내로남불'이 첫 번째이다. 뭔가 잘못되었을 때 내뱉는 '거봐'가 뒤를 잇는다. 뻔히 안 되는 걸 자신은 알고 있었다는 의미를 깔고, '쌤통이다' 식으로 비아냥거릴 때 쓰인다.

마지막으로 '달라진 것 없네'가 있다. '거봐' 뒤에 결국 아무리 해도 달라지는 것 없다고 확실하게 결론짓는 식이다. 바꾸어보자는 이들은 딴지를 거는 것에서 나아가 짓이기고 확인 사살까지 하는데, 상대를 이해하고자 하는 의지는 눈곱만큼도 없다. 이런 자세에서 반전은 일어나지 않는다. 반전이 일어난다고 해도 긍정적인 효과란 없다. 광고라면 소비자의 자리에 서봐야 하고, 정치인이라면 상대방의 시각을 살펴봐야 한다. 그저 자기의 형편만

고집하다가는 뭔가 큰길로 치닫는 것 같은데, 결국 막다른 골목
에 갇히는 반전이 일어난다.

통쾌한 반전의 아재 개그

달마시안처럼 잘생긴 개가 화면을 꽉 채우며 나타난다. 힘 있
지만 부드러운 미국 중부 평원의 바람에 양쪽 귀가 펄럭인다. 카
메라가 빠지면서 보니 그 개는 버드와이저 맥주를 상징하는 클라
이즈데일종(種)의 말 여덟 마리가 끄는 마차에 실린 맥주 통 위에
서 바람을 음미하며 뽐내고 있는 듯 보인다. 가장 대중적이고 그
래서 보수의 느낌이 물씬 나는 버드와이저 브랜드와는 너무나도
어울리지 않게 '1960년대 저항의 상징과도 같은 역할을 했던 밥
딜런의 불후의 명곡 '블로잉 인 더 윈드(Blowin' in the Wind)'가 배경
음악으로 나온다. 버드와이저 클라이즈데일 마차는 계속 밝은 햇
빛 아래 바람 부는 평원 길로 맥주를 싣고 간다. '버드와이저 이
친구들이 무슨 얘기를 하고 싶은 거지'라는 의문이 들던 시점에
멀리 풍력발전기 날개들이 보인다. 그리고 카피가 화면 중앙에
뜬다.

WIND NEVER FELT BETTER

NOW BREWED WITH WIND POWER

FOR A BETTER TOMORROW

(이렇게 좋은 바람은 없었어요.

바람의 힘으로 양조되고 있습니다.

더 나은 내일을 위해.)

'최고의 바람'에 의한 '풍력 전기를 이용하여 양조'해 '보다 좋은 내일'을 만들어 환경에 기여한다는 환경 친화 맥주와 브랜드로 버드와이저를 내세운 2019년 슈퍼볼 광고이다. 전혀 생각지 못한 메시지였다. 기존 클라이즈데일을 내세웠던 버드와이저와 연결된 듯하면서도 새로운 지평으로 나아갔다. 환경에 신경 쓰면서 미래까지 생각하는 맥주라니! 버드와이저로서는 의미 있는 반전의 고고성을 올렸다. 바람과 딜런 이후 클라이즈데일은 어디로 향할까?

광고에 밥 딜런이 등장해 사람들의 관심을 끌었다. 실상 딜런은 자신의 노래가 표현하려는 것에 대한 질문에 항상 시큰둥했다. 심지어 이런 말까지 했다.

"내가 뒈지면 사람들이 내 노래들을 가지고 빌어먹을 해석을 하네, 어쩌네 하겠지. 그들은 빌어먹을 쉼표 하나까지 해석하려 들 거야. 근데 그치들은 그 노래들이 무얼 의미하는지 몰라. 제기랄, 나도 모르는데, 뭐."[96]

실제 밥 딜런은 사회 변혁을 위하여 몸을 던진 적도 없고, 그의 가사들은 다르게 해석되어야 한다고 주장하는 이들이 꽤 많았다. 반전(反戰) 가요로 유명한 밥 딜런의 〈마스터스 오브 워(Masters of War, 전쟁꾼들)〉를 어떻게 쓸 수 있었느냐는 한때 애인이었던 조안 바에즈의 물음에 밥 딜런은 "그게 잘 팔릴 거라는 걸 알았지"라고 대답한다. '평화'의 메시지가 우선이 아니었다는 것이다.

한 번은 어느 기자에게 그의 "노래가 무엇에 '관한(about)' 것이냐", 곧 '메시지가 무엇이냐'는 질문을 받았을 때 유명한 답변을 남겼다.

"어떤 건 3분쯤(about three minutes) 되고 어떤 건 5분쯤(about five minutes) 되죠. 믿기지 않겠지만 11분쯤(about eleven minutes) 되는 것도 있어요."[97]

'about'이란 단어의 다른 뜻을 활용해 무심한 듯 받아친 것이었다. 딜런이 가장 잘한 것 중의 하나가 바로 이런 시니컬하며 아재스런 농담으로 만드는 반전이었다. 소비 상품의 대표 격인 버드와이저와 소비 문화를 상징하는 광고와 밥 딜런의 어색한 만남에 차라리 이런 아재 개그가 어울린다.

"오늘날 사람들은 모든 것의 가격은 알지만 그 가치에 대해서는 아무것도 모른다."(오스카 와일드) 같은 가격이라도 고객이 느끼는 가치를 다르게 만드는 것이 마케터들이 꾀하는 반전이다.

Convince 15

긍정

희망으로 나아가는 네거티브(Negative)

[肯定]

◆

　코로나19의 사회적 거리두기 속에서도 2020년 4월의 대한민국 총선은 금세기 들어 최고의 투표율을 기록했다. 선거 후면 항상 '네거티브가 두드러졌다', '막말로 점철되었다'라는 식의 헤드라인이 뜨는데, 예외가 아니었다. 정치 광고에서 네거티브 전략은 거의 언제나 비난의 대상이 된다. 그리고 강하게 네거티브 전략에 의지한 쪽이 패자가 되면서 역시나 네거티브 전략의 한계와 같은 글들이 심심치 않게 보인다. 네거티브 전략이 무조건 나쁜 것만은 아니다. 네거티브 전략은 비상(砒霜)처럼 보통 사람을 죽이지만, 말 그대로 비상(非常)하게 죽어가는 사람을 살리는 반전의 효력을 발휘할 때도 있다. 보통은 네거티브 전략 자체보다는 실행을 하는 방법에서 문제가 나온다. 네거티브 전략이 긍정적으로 작용하려면 어떻게 해야 하는 것일까?

　첫째, 네거티브 전략의 핵심은 타이밍이다. 최고의 효과를 올릴 수 있는 시기를 잘 선택해야 한다. 또한 그 효과를 최대로 하기 위하여 어느 정도의 양으로, 얼마만 한 간격을 두고 노출시킬 것인가를 결정해야 한다. 처한 위치나 여건에 따라서 다르겠지만 일반적으로 얘기하면 네거티브 광고의 빈도는 최소화하는 것이 좋다.

미국 정치 광고 사상 불후의 명작으로 꼽히며, 네거티브 정치 광고를 얘기할 때마다 거의 항상 거론되는 '데이지 걸(Daisy Girl)'은 단 한 차례만 방영이 되었다. 데이지 꽃잎을 따는 소녀와 거기에 겹쳐지는 핵무기 발사의 카운트다운과 폭발의 충격적인 영상으로 비록 타의에 의해 재방영이 금지되었지만, 그 한 번으로 이미 모든 것이 결정되었다고 해도 과언이 아니다. 아마 몇 차례 더 방영이 되었다면 그 충격의 강도는 훨씬 약해졌을 것이다. 충격만큼이나 유권자들의 반발을 불러일으켰을 가능성이 크다. 또한 그들의 적수에게 반격할 수 있는 논리와 소재를 제공하였을지도 모른다.

둘째, 간접화법을 쓰는 것이 좋다. 네거티브의 대상을 직접적으로 거론하는 것은 피해야 한다. 자신의 얘기를 하면서 깎아내리고자 하는 상대방을 사람들이 자연스럽게 연상하도록 만들어야 한다. 이번 총선에도 꽤 그런 경우가 보였는데, 소위 '자학(自虐) 모드'가 효과적이다. 동정심을 유발하면서 상대방을 자연스럽게 부정적인 느낌이 들도록 만들 수 있는 것이다.

마지막으로 상대방을 공격하는 이상으로 자신이 전하고자 하는 바가 한 방향으로 명확해야만 한다. 곧 상대의 약점을 꼬집어나의 장점이 강하게 부각될 수 있어야 한다. 그저 흠집을 내기 위한, 공격을 위한 공격은 의미가 없다.

1990년대 최고의 정치선거 슬로건으로 일컬어지는 빌 클린턴의 '문제는 경제라고, 이 바보야(It's the economy, stupid)'는 걸프전 승리의 후광으로 80퍼센트 이상의 지지도를 보였던 아버지 부시의 아킬레스건을 정확하고 집요하게 물고 늘어져 결국 절대 약세에 있던 클린턴 진영에 승리를 안겨주었다. 별로 알려지지 않았는데, 이에 대해 아버지 부시 역시 경제를 물고 들어갔다. 클린턴이 아칸소 주지사를 하면서 주의 경제를 황폐하게 만들었다는 또 하나의 네거티브로 반격을 했다. 그러나 이미 기선을 제압당한 이후였고, 자신의 강점이 전혀 발휘될 수 없는 전장으로 들어가는 전략적 실수를 범하는 것으로 귀결되었다.

위에서 비상(砒霜) 이야기를 하였는데, 우리 세상의 사물과 사건은 한마디로 재단할 수 없는 경우가 대부분이다. 네거티브 전략이 유용하게 쓰일 수도 있다는 식의 열린 사고를 다른 곳에도 적용해야 한다. 그리고 덧붙여 광고가 실패했을 때, 문제가 어디에 있는지를 명확히 할 필요가 있다. 과연 전략이 잘못된 것인지, 실행에서 실수가 없었는지, 보다 근본적으로 간다면 제품 자체에 문제가 없었는지 살펴보는 자세가 필요하다. 그래야 제대로 된 반전의 효과가 있는 긍정적인 네거티브를 만들 수 있다.

이전에 다녔던 광고 회사에서 신입사원들이 입사 후 1년을 마무리하는 행사로 일주일간 제주도 올레길을 걷는 체험을 했다. 시간이 충분하지 않아 섬을 일주하지는 못했고, 하루하루 정해진 구간을 걸었다. 그 올레길 걷기의 경과와 걸으면서 느낀 점들을 발표하며 나아가서는 신입사원 전 과정을 정리하는 시간을 함께 했다. 올레길을 걸었던 하루하루를 돌이켜보면서 한 친구가 이런 얘기를 했다.

"첫날과 둘째 날은 제법 험한 산길도 있고, 자갈밭이나 동네 속의 그야말로 모래사장도 있는 다양한 길을 조금 힘겹게 걸었습니다. 다행스럽게 셋째 날은 거의 아스팔트로만 이루어진 평지여서 마음 편하게 걸음을 옮기기 시작했는데, 오후 들어서 많은 친구들의 발에 물집이 잡혔습니다. 다양한 변화가 있는 길을 걸을 때는 발바닥 구석구석이 흙을 딛었는데, 평탄한 길에서는 한쪽

부분에만 힘이 가해지고, 약하지만 지속적인 압력에 시달리면서 물집이 생기게 되었던 것 같습니다."

편식을 하면 몸에 탈이 난다. 너무 순탄한 것만 추구하다가는 삶을 망친다. 신입사원들에게 그들의 인생에서 외골수로 한 우물만 파다가는 인생에 물집이 잡힐 수 있다고 경고했다. 실제 하는 일에서도 의도하지 않은 물집이 생긴다고 했다. 설득이 끝났다고 생각했는데, 예기치 않은 반전이 일어난다. 때로는 설득 프레젠테이션에 반전 요소를 집어넣어 기대한 반응을 일으켰다고 했는데, 결과가 엉뚱한 방향으로 튀기도 한다. 억지로 반전을 만들려다 보면 무리를 하게 된다. 그럴 때 통하는 게 있다.

프롤로그에서 말한 그룹 사장단 앞에서 지른 미국 친구의 농담은 전혀 위력을 발휘하지 못했다. 분위기만 더욱 싸하게 만든 상황에서 그 친구는 예정된 1시간을 넘겨 2시간 가까이 프레젠테이션을 이어갔다. 갈수록 사장들이 경청하며 집중하는 걸 느낄 수 있었다. 끝나고 난 후에 그가 처음 농담에 반응이 너무 없어 당황했다고 고백했다. 그래도 옳고 도움이 되는 내용이라는 생각으로 진심을 담아 열정적으로 해서 좋은 결과를 얻은 것 같다고 했다. 그의 발표가 끝나고 사장 한 명이 와서 그에게 말했다. "당신이 처음에 던진 농담이 아주 재미있었어요." 영어를 아주 잘했고, 사장단에서 핵심 인물이었던지라 처음부터 그의 반응을 눈여겨봤는데 전혀 재미있어하지 않았다. 그런데 시간이 갈수록 발표에 가장 빠져든 이가 되었다. 그리고 처음의 재미없던 농담까지 세상 웃기게 바꾸는 반전의 마법이 일어났다.

그래서 반전을 만드는 마지막 15번째 코드는 바로 역설이나 반어 구사와 같은 테크닉이 아니다. 진실한 마음과 자신감이 뒷받침된 '긍정'이다. 거기서 품격 있는 반전이 일어나고, 그런 반전의 영향이 넓게 깊게 오래간다. 그런 반전이 곳곳에 피어나는 광고계를, 인문학계를, 우리 사회를 기대한다.

1 김수환 추기경(1922~2009)은 1969년 추기경으로 서품된 이후 박정희, 전두환 독재 정권과의 투쟁에 든든한 버팀목이 되었다. 1986년 크리스마스의 야외 미사도 그 투쟁의 빛나는 한순간이었다.

2 빌리 브란트(1913~1992)의 재임 기간은 1969~1974년, 헬무트 콜(1930~2017)은 1982~1990년은 서독, 1990~1998년은 통일 독일의 총리를 지냈다.

3 《10년 후 세계사》, 구정은·정유진·김태권, 추수밭, 2015, 220쪽.

4 《협상의 전략》, 김연철, 휴머니스트, 2016, 604쪽.

5 신영복 서화집 《처음처럼》(돌베개, 2016) 중 '집 그리는 순서'.

6 흔히 '지구촌'이라고 번역되는 이 말은 캐나다 출신의 미디어 학자 마샬 맥루한(Marshall McLuhan)이 1962년 출간한 《구텐베르크 은하계(The Gutenberg Galaxy)》에 나오며 널리 알려지기 시작했다고 한다. 라디오와 TV를 넘어서는 정보통신의 발달을 예견하면서 세계가 하나가 되는 것을 포착한 표현의 걸작이다.

7 페널티킥을 구석으로 강하게 차지 않고 골키퍼 정면으로 살짝 띄워 넣는 방식이다. 1976년 유럽컵(UEFA) 대회 결승전 승부차기에서 체코의 마지막 키커였던 안토닌 파넨카가 이 방식으로 승부를 결정지으며, 그의 이름을 따서 불리고 있다.

8 《당신이 옳다》, 정혜신, 해냄, 2018, 꼭지 내용 요약.

9 아메리칸리그와 내셔널리그로 나뉘어 있는 메이저리그에서 양쪽 리그의 팀들끼리 붙는 경기를 말한다. 1997년에 도입되었다. 지역 라이벌 팀들 간의 대결이 특히 인기인데, 뉴욕 양키스와 뉴욕 메츠의 대결이 대표적이다.

10 사례는 패스트닷컴(fast.com) 기사를 참조했다. https://www.fastcompany.com/3034987/the-case-for-letting-employees-choose-their-own-job-titles

11 존 워너메이커(1838~1922)는 1861년 정찰제와 반품 및 환불제를 실시한 백화점을 최초로 필라델피아에 열었고, 이후 뉴욕과 유럽 등지로도 진출해 '백화점의 아버지'로 불린다. 1889~1893년에는 미국 우정국 장관을 지냈고 자선 활동도 크게 펼쳤다.

12 《새로운 시대의 권력, 마이크로 파워》, 천홍안, 신노을 옮김, 미래의창, 2018, 41쪽.

13 〈한겨레신문〉 2016년 2월 17일자.

14 위의 기사.

15 《새로운 시대의 권력-마이크로 파워》, 천훙안, 신노을 옮김, 미래의창, 2018, 45쪽

16 이본 쉬나드가 2013년 3월에 Inc.com과 가진 인터뷰를 옮긴 기사 중에서 발췌한 내용. https://www.inc.com/magazine/201303/liz-welch/the-way-i-work-yvon-chouinard-patagonia.html

17 결국 한나라의 마지막 황제가 된 헌제가 유비를 보고 종씨라며 조상 계보를 살펴 먼 숙부뻘이라고 해서 황숙(皇叔)으로 불렀다.

18 춘추오패(春秋五覇)라고 하면 보통 제 환공(齊桓公), 진 문공(晉文公), 초 장왕(楚 莊王), 오왕 합려, 월왕 구천을 일컫는데, 기록에 따라 송 양공이나 오왕 부차를 넣기도 한다.

19 《먼 아침의 책들》(스가 아쓰코, 송태욱 옮김, 한뼘책방, 2019, 124쪽)에서 앤 린드버그의 책에 '분명히' 이런 문장이 있었다며 인용했다.

20 위의 책 129쪽.

21 위의 책 129쪽.

22 《야구란 무엇인가(New Thinking Fan's Guide to Baseball)》, 레너드 코페트, 이종남 옮김, 황금가지, 2009.

23 HERE COMES TROUBLE, Michael Moore, 2007, p.415.

24 《한국의 美 특강》, 오주석, 솔, 2003, 69쪽.

25 《작가님, 어디 살아요?》(모니카 드레이크·노엘 루빈턴·니나 벌리·니컬러스 길·니컬러스 컬리시, 오현아 옮김, 마음산책)에 실린 헤밍웨이에 대한 글은 2011년 6월에 발표되었다.

26 The World's Tallest Midget: The Best of Frank Deford, Frank Deford, 1987.

27 영화 〈인크레더블(Incredible)〉의 주인공 미스터 인크레더블은 막강한 힘을 지녔으면서도 뭔가 허술한 구석이 있다. 미묘한 뉘앙스를 잘 집어낸 작명이다.

28 비카스 스와루프(Vikas Swarup)의 소설 《Q&A》를 원작으로 2008년 개봉.

29 미국인들에게 'go west'는 단순히 '서쪽으로 갔다'는 것만을 의미하지는 않는다. 꿈을 좇아 새로운 세계를 개척한다는 의미를 담고 있다. 물론 거기에는 인디언, 나중에 네이티브 아메리칸이라 불리는 원래 북미에 살던 이들의 희생이 있었다. 〈Go West〉란 영화도 있고, 'YMCA'란 노래로 세계적인 인기를 끈 '빌리지 피플(Village People)'이 부른 동명의 노래도 있다.

30 현재의 쓰촨성 지역으로 유비가 그곳을 중심으로 촉나라를 세웠다.

31 《삼국지강의(品三國)》, 이중톈, 김성배·양휘웅 옮김, 김영사, 2007.

32 이동건 작가가 네이버 웹툰에 2015년 4월부터 2020년 11월까지 연재한 작품. 중국, 태

국, 인도네시아, 인도, 일본에서도 번역 출간되었고 드라마와 영화뿐만 아니라 게임과 소설로도 나왔다.

33 인도에서는 2009년 말에 개봉되었다.

34 《탁월한 생각은 어떻게 만들어지는가》, 팀 허슨, 강유리 옮김, 현대지성, 2020. 원서는 캐나다에서 2008년에 출간되었다.

35 《어니스트 섀클턴 극한 상황 리더십》, 데니스 N. T. 퍼킨스·마거릿 P. 홀츠먼·질리언 B. 머피, 최종욱·홍성화 옮김, 뜨인돌, 2017, 18쪽.

36 어니스트 섀클턴(1874~1922) 관련해서는 위의 책을 포함하여 자기계발 관련해 많은 서적이 나와 있다. 특히 한국에 그의 이름을 널리 알린 책으로는 《섀클턴의 위대한 항해》(알프레드 랜싱, 유혜경 옮김, 뜨인돌, 2002)와 《인듀어런스(The Endurance)》(캐롤라인 알렉산더, 김세중 옮김, 뜨인돌, 2002)라는 사진집이 꼽힌다.

37 《총보다 강한 실》, 카시아 세인트 클레어, 안진이 옮김, 윌북, 2020, 262쪽.

38 내레이션의 번역은 《위코노미》(크레이그 킬버거·홀리 브랜슨·마크 킬버거, 이영진 옮김, 한빛비즈, 2020, 136쪽)에서 옮겼다.

39 SSGA는 관리 자산이 3조 달러, 한화로 4천조 원에 가까운 세계 3위의 자산운용사이다.

40 'priceless'는 1997년에 시작하여 지금까지 이어지고 있는 마스터카드의 브랜드 캠페인으로도 유명하다. 마케팅 플랫폼으로 활용하며 도시를 소재로 한 'Priceless Cities' 캠페인 등으로 확대 전개하고 있다.

41 프랑스의 법률회사 대표로 직접 패널 토의에 참석하기도 했다.

42 이 에피소드는 《미국민중사(A People's History of United States)》(유강은 옮김, 이후, 2006)로 유명한 하워드 진(Howard Zinn)의 《Declaration of Independence : Cross-Examining American Ideology》(1991년, 한국어판 《오만한 제국 : 미국 이데올로기로부터 독립》, 이아정 옮김, 당대, 2001)에서 발췌했으며, 번역은 《콜럼버스의 달걀에 대한 문명사적 반론》(김민웅, 당대, 1996)을 참조했다.

43 2012년 12월 14일 미국 코네티컷주 샌디훅 초등학교에서 총기를 난사하여 20명의 어린이와 6명의 교직원이 살해된 사건. 특히 어린이들이 다수 희생되어 충격이었다.

44 《창조력 코드-인공지능은 왜 바흐의 음악을 듣는가?》, 마커스 드 사토이, 박유진 옮김, 북라이프, 2020.

45 1963년 개봉된 찰턴 헤스턴, 에바 가드너, 데이빗 니븐 등 호화 배역에, 제작비 1500만 달러를 들인 거작 영화. 눈 째진 전형적 용모에 속임수를 일삼고 잔인하고 무지한 모습으로 중국인들을 그렸다.

46 팟빵 카드뉴스 http://www.ziksir.com/ziksir/view/2688#0DQ5 토대로 옮겼다고 한다. 이완용의 발표문은 〈매일신보〉 1919년 4월 5일자에 실렸다.

47 시 〈울릉도〉는 1948년에 출간된 시집 《울릉도》에 실렸다. 시인이 서문에 쓴 대로 '1945년부터 1948년 8월 15일까지 만 3년 동안 일제의 질곡(桎梏)에서 벗어난 조국이 다시 암담한 혼돈에서 진통하던 가운데서' 나온 작품 중의 하나이다.

48 《뉴타입의 시대》, 야마구치 슈, 김윤경 옮김, 인플루엔셜, 2020, 38쪽.

49 한국 정치의 지형을 바꾼 1990년의 3당 합당 때, 나중에 대통령이 되는 당시 김영삼 민주당 총재가 역시 "호랑이를 잡으려면 호랑이굴로 가야 한다"는 표현을 자주 쓰며 자신의 결정을 합리화했다.

50 《돈의 심리학》, 모건 하우절, 이지연 옮김, 인플루엔셜, 2021, 117쪽. '꼬리기 몸통을 흔든다'라고 번역되었는데, 직역하면 '꼬리여, 네가 승자다'이다.

51 《편견》(제니퍼 에버하트, 공민희 옮김, 스노우폭스북스, 2021)에 흑인에 대한 인식, 불평등한 법 실행 행태 등이 잘 나타나 있다.

52 백인우월주의 집단으로 하얀 고깔모자와 불타는 나무 십자가 상징물로 잘 알려져 있다.

53 지역명인 칸 뒤에 붙는 정식 명칭은 'International Advertising Festival'에서 'International Festival of Creativity'로 변했으나 보통 '광고제'라고 하는 경우가 많다.

54 2016년 가을 당시 미국 프로미식축구 리그(NFL) 샌프란시스코 포티나이너스의 쿼터백인 콜린 캐퍼닉은 경찰의 흑인 총격 사건을 비롯한 인종차별에 항의하여 미국 국가가 연주될 때 기립하지 않고 한쪽 무릎을 꿇는 자세를 취했다. 그의 행위에 논란이 일었고, 특히 트럼프 대통령이 강하게 비방하면서 캐퍼닉은 팀에서 방출되고 다른 팀들도 그를 기용하지 않았다. 그 상황에서 나이키가 창립 30주년 기념 광고에서 그를 모델로 기용하여 전개한 캠페인이 바로 'Dream Crazy'였다. 나이키는 이후 2020년에도 그를 광고 모델로 기용했다. 논란이 된 광고 이후 실제 매출도 평년 대비 30% 이상 늘었고, 기존 질서에 저항하는 나이키라는 이미지를 쌓아 젊은 층의 호의도를 높였다는 평가다.

55 케네디의 후임 대통령 이름을 따서 존슨 우주센터(Johnson Space Center)로 바뀌었다.

56 미국에서 최초의 골드러시는 1840년대 말 샌프란시스코 일대에서 벌어졌다. 거기서 샌프란시스코 포티나이너스(San Francisco 49ers) 팀의 이름이 유래했다. 이후 콜로라도주와 알래스카에서도 금맥이 발견되며 골드러시가 터지곤 했다.

57 한 걸음을 뗄 때마다 한 행을 읊도록 하며 일곱 걸음을 뗐다고 해서 '칠보시'라고 불리는 이 시는 조금씩 다른 버전들이 전한다. 《삼국지연의》에 나온 본은 '煮豆燃豆萁(자두연두기) 豆在釜中泣(두재부중읍) 本自同根生(본시동근생) 相煎何太急(상전하태급): 콩깍지를 태워 콩을 삶으니 / 콩이 솥 안에서 운다 / 본디 한 뿌리에서 자랐건만 / 왜 서로 안달하

며 들볶아야 하는가'. 조비는 동생의 시재와 그 내용에 감탄하여 목숨을 살려준다.

58 미국 케이블TV에서 2007~2015년 7시즌에 걸쳐 방영된 1960년대의 미국 광고회사를 배경으로 한 드라마.

59 《경험수집가의 여행》, 앤드루 솔로몬, 김명남 옮김, 열린책들, 2019, 51쪽.

60 https://chinadigitaltimes.net/2011/06/zhou-enlais-caution-lost-in-translation/

61 야마시타 도모유키(1885~1946)는 1945년 필리핀에서 항복한 이후에 전범으로 재판을 거쳐 교수형을 받았다.

62 영어로 하면 'my mother'란 뜻의 이탈리아어로, 놀람이나 허탈함 등을 나타내는 감탄사로 쓰인다.

63 《더 패치》, 존 맥피, 윤철희 옮김, 마음산책, 2020, 184쪽.

64 위의 책, 184쪽.

65 '네, 엄마'라는 뜻이다.

66 소피아 로렌(1934~)은 제2차세계대전 이후 이탈리아의 대표적인 여성 배우이다. 이탈리아를 넘어 미국을 비롯해 국제적으로 활동했다. 그의 영어 발음은 묘한 매력이 있다.

67 베티 화이트는 2021년 현재 한국 나이로 100세를 맞이하고도 여전히 건재하다. 2019년에는 영화 〈토이 스토리 4〉에 호랑이 인형 목소리 출연했다.

68 《도시 읽는 CEO》, 김진애, 21세기북스, 2009.

69 《브랜드 반란을 꿈꾸다(Zag : The #1 Strategy of High-Performance Brands)》, 마티 뉴마이어, 윤영삼 옮김, 박재항 감수, 21세기북스, 2007.

70 위의 책.

71 'Baby Swing'이란 제목으로 1996년 슈퍼볼에 선보인 광고인데 호평에 힘입어 아시아를 포함해 전 세계에 방영되었다. https://www.youtube.com/watch?v=4MGI-EJQtgo

72 'freak'은 '괴짜', '덕후' 의미이고, 'freakout'은 '아찔', '멘붕' 정도로 옮길 수 있다.

73 헨리 포드가 샘 크라우더(Sam Crowther)와 함께 쓴 자서전으로 1922년 처음 출간되었다. 한국에서는 몇 차례 번역 출간되었다. 《나의 삶과 일》(헨리 포드, 이주명 옮김, 필맥, 2019)이 가장 최근 번역판이다.

74 하버드 경영대학원 교수로 '파괴적 혁신' 이론으로 유명하다. 한국에서 모르몬교 선교사로 활동해서 한국어가 유창하며, '구창선'이란 한국 이름도 가지고 있다. 1 : 1 인터뷰도

하며 개인적 인연도 있어 '선생'이란 호칭을 붙였다.

75 알프레드 슬론(1875~1966)은 전문경영인의 대표로 꼽힌다. 1923년부터 GM의 경영을 맡아서 소비자의 욕구를 파악하고 창출하는 현대적 마케팅의 기초를 쌓으며, GM이 포드를 제치고 세계 최대의 자동차 기업으로 발돋움하게 만든 인물이다.

76 1957년에 출시된 에드셀 포드 자동차는 브랜드 네임, 가격 정책, 디자인, 품질, 소비자 취향 파악 등 모든 면에서 실패한 사례로 꼽힌다. '자동차의 타이타닉'이란 소리까지 들었다.

77 〈뉴욕타임스〉 기사 중. https://www.nytimes.com/2006/02/12/weekinreview/dotdotdot-dashdashdash-no-more.html

78 파블로 피카소(1881~1973)는 20세기 입체파의 문을 열었다. 회화, 판화, 조각 등 미술의 모든 분야에 '현대'라는 족적을 남겼다.

79 새뮤얼 골드윈이 제작한 〈월터의 상상은 현실이 된다(The Secret Life of Walter Mitty)〉는 1947년 개봉작이다. 그의 아들 새뮤얼 골드윈 주니어가 제작에 참여해 벤 스틸러 주연으로 2013년에 같은 이름으로 새롭게 제작되어 개봉했다.

80 양력으로 1636년 12월 말에서 1637년 2월 음력으로 병자년에 발발해 정축년에 종료되어 '병자년과 정축년에 걸쳐 오랑캐가 일으킨 난리'라는 뜻으로 '병정노란(丙丁虜亂)'이라고도 한다.

81 인용한 연설 토막의 원문. "I know that he's taken some flak lately, but no one is happier, no one is prouder to put this birth certificate issue to rest, and that's because he can finally get back to focusing on the issues that matter, like did we fake the moon landing? What really happened in Roswell? And where are Biggie and Tupac?"

82 1990년대 힙합 붐을 일으킨 두 인물이다. 아주 가까운 동료에서 대놓고 살해 위협을 주고받는 사이가 되었다. 투팍은 1996년 9월, 비기는 6개월 후인 1997년 3월에 총격을 받고 살해되었다.

83 마거릿 대처는 1925년생, 자크 시라크는 1932년생이다.

84 아르헨티나에 가까운 영국령 포클랜드섬을 두고 아르헨티나와 영국이 1982년 2월부터 벌인 전쟁을 말한다. 아르헨티나의 선공으로 시작되었으나 결국 2개월 만에 영국에 항복하며 종료되었다.

85 《로마법 수업》, 한동일, 문학동네, 2019, 215쪽.

86 실험을 한 심리학자 월터 미셸이 아닌 자기계발 작가이자 연설가인 호아킴 데 포사다의 책 《마시멜로 이야기(Don't Eat the Marshmallow... Yet! : The Secret to Sweet Success in

Work and Life)》를 번역했다. 다른 이가 번역했다고 하는 논란에 휩싸이기도 했다.

87 '춘래불사춘'은 중국 당나라 때 시인 동방규(東方虯)의 시 〈소군원(昭君怨)〉에서 유래했다. 중국 한나라 원제(元帝) 때 정략결혼으로 흉노 족장에게 시집 간 왕소군(王昭君)이 오랑캐 땅에서 느끼는 심정을 표현했다. "오랑캐 땅에는 꽃과 풀이 나지 않아, 봄이 와도 봄 같지 않구나"라는 '호지무화초(胡地無花草) 춘래불사춘(春來不似春)' 구절이 나온다. 중국 역사 4대 미인 중의 한 명으로 꼽히는 왕소군은 궁정 화가에게 뇌물을 주지 않아 추하게 나온 초상화 때문에 흉노로 가게 되었다는 이야기부터 이어지는 전설이 많다. 당연히 후대에 시를 비롯해 숱한 예술 작품의 소재가 되었다. 2020년 한국에서는 가수 최예근이 '춘래불사춘'이란 제목으로 청춘인데도 청춘 같지 않은 젊음을 그린 노래를 내놓기도 했다.

88 역대 미국 대통령 중 가장 골프를 즐긴 이는 드와이트 아이젠하워(1952~1960 재임)라고 한다. 한 기자가 '대체 언제 골프채 놓고 정무를 할 것이냐?'라는 질문을 던질 정도였다. 빌 클린턴(1992~2000 재임)도 못지않았다. 김영삼 대통령 시절에 암묵적인 골프 금지령 속에 몇 시간 동안 얘기를 나누는 골프를 함께 치지 못하고, 몇십 분 조깅만 같이 했다며 한국 외교관들이 아쉬워했다는 얘기를 들었다.

89 *October 1964*, David Halberstam, Ballantine Books, 1995.

90 빈스 롬바르디(1913~1970)는 미국 프로미식축구 역사상 최고의 감독으로 존경받는 인물이다. 슈퍼볼 우승컵에 그의 이름을 붙여 롬바르디 트로피라고 한다.

91 바넘 효과 : 일반적인 성격이나 특징을 자신만의 특성으로 여기는 심리적 경향.

92 《전쟁의 목격자》, 앙투아네트 메이, 손희경 옮김, 생각의힘, 2019.

93 지미 호파는 미국 트럭 기사 노조인 전미트럭운송조합(팀스터)의 위원장을 1957년부터 1970년까지 지냈다. 이후 감옥에 갔다가 다시 위원장이 되기 위하여 애를 쓰다 1975년에 실종되었다. 시신도 발견되지 않았고 사건은 미궁에 빠졌으며 1982년 공식적으로 사망 처리되었다.

94 1) JKBK는 삼성전자에서 쓰던 용어로 '제값 받기'를 발음 그대로 옮겨 이니셜을 딴 것이다. 2) 빨부대는 '빨간 부대찌개'의 줄임말이고, 오리방석은 '생수, 물'을 말한다. 3) 부회장님 남양 Advance Driver Assistance System 체크'를 영어 알파벳에 줄임말을 섞어서 썼다. 4) CC는 '캠퍼스 커플' 혹은 '컴퍼니 커플'을, BC는 노인 사회에서 '복지관 커플'을 이른다고 한다.

95 https://www.acton.org/pub/commentary/2001/11/14/terrorists-or-freedom-fighters-whats-difference

96 《존 바에즈 자서전》, 존 바에즈, 이운경 옮김, 삼천리, 2012.

97 위의 책.

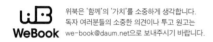

위북은 '함께'의 '가치'를 소중하게 생각합니다.
독자 여러분들의 소중한 의견이나 투고 원고는
we-book@daum.net으로 보내주시기 바랍니다.

반전의 품격
ⓒ 위북, 2021

초판 발행일 2021년 6월 18일

지은이 · 박재항

〈책을 만든 사람들〉
편집주간 · 추지영
마케팅 · 페이지원
디자인 · 디자인오투
홍보 · 김범식
물류 · 북앤더
지원 · 정현주 최영완 김태윤 김익수
제작총괄 · 안종태
제작처 · 월드페이퍼 한길프린테크

펴낸이 · 강용구
펴낸곳 · 위북(WeBook)
출판등록 · 2019. 10. 2 제2019-000271호
주소 · 서울시 마포구 양화로 127(서교동)
첨단빌딩 4층 432호
전화 · 02-6010-2580
팩스 · 02-6937-0953
이메일 · we-book@naver.com

잘못되거나 파본된 책은 구입하신 서점에서 교환해 드립니다.

ISBN 979-11-91618-01-3 (03300)
정가 16,000원